中国制造业增值税税收贡献研究

基于社会网络视角的结构分析

余新创◎著

RESEARCH ON
THE CONTRIBUTION OF
VALUE ADDED TAX OF
CHINA'S MANUFACTURING
INDUSTRY

STRUCTURAL ANALYSIS BASED ON SOCIAL NET-WORK PERSPECTIVE

经济管理出版社
ECONOMY & MANAGEMENT PUBLISHING HOUSE

图书在版编目（CIP）数据

中国制造业增值税税收贡献研究：基于社会网络视角的结构分析/余新创著 . —北京：经济管理出版社，2022.10
ISBN 978-7-5096-8766-6

I.①中… II.①余… III.①制造工业—增值税—税收管理—研究—中国 IV.①F812.423

中国版本图书馆 CIP 数据核字（2022）第 187204 号

组稿编辑：谢　妙
责任编辑：谢　妙
责任印制：黄章平
责任校对：陈　颖

出版发行：经济管理出版社
　　　　　（北京市海淀区北蜂窝 8 号中雅大厦 A 座 11 层　100038）
网　　　址：www. E-mp. com. cn
电　　　话：(010) 51915602
印　　　刷：唐山玺诚印务有限公司
经　　　销：新华书店
开　　　本：720mm×1000mm/16
印　　　张：11. 5
字　　　数：187 千字
版　　　次：2022 年 11 月第 1 版　　2022 年 11 月第 1 次印刷
书　　　号：ISBN 978-7-5096-8766-6
定　　　价：56. 00 元

前　言

　　制造业一直是我国国内增值税最大的税源，它提供的增值税税收收入占比在最高时达到了 58.16%。但近几年受制造业发展放缓、"营改增"全面扩围以及税率下调等因素的影响，制造业贡献的增值税税收收入份额下降趋势非常明显。那么，这是否意味着制造业的增值税税收贡献能力在下降呢？这一问题的答案取决于从哪个角度分析增值税税源结构，采用什么样的标准来衡量税收贡献。如果以税收收入份额为标准衡量制造业的增值税税收贡献，结论显而易见。但是，以税收收入份额为切入点分析税源结构存在一个明显的缺陷——忽视了各个产业之间的税收关联。正是产业间的税收关联支撑着整个税源结构，这些看不见的税收关联是产生税收收入的纽带，也是传递税收收入波动、税负转嫁、传导税收政策效应的关键渠道。各个行业在税收关联特征方面的不同，决定了它们在税收收入贡献能力、税负转嫁能力、影响政策效应方面的差异。与税收收入份额相比，以税收关联为切入点分析制造业的税收贡献，能够更加全面地认识制造业在增值税税源结构中的地位和作用。

　　本书借助社会网络视角分析增值税税源结构，将增值税税源结构看成一个由行业及行业间的税收关联构成的社会网络，利用社会网络分析法提供的一系列概念和工具，分析行业间的税收关联（销项税额—进项税额关联）特征，进而构建测量制造业网络位置的指标。本书利用网络位置衡量制造业对增值税税收收入的影响能力以及制造业在增值税税源结构中的地位和作用，以此表示制造业对增值税的税收贡献，从而关于制造业增值税税收贡献的研究就转换成对制造业网络位置的研究。本书从三个层次解析增值税税源结构，即从宏观层次分析增值税税收网络的整体特征，从中观层次分析网络中的税收集群和结构对等特征，从微观层次判定制造业在网络中的位置。前两个层次的分析详细描述了制造业所嵌入的网络环境，界定了制造业在税源结构中能够发挥影响力的边界；后一个层次分析了制造业在网络中的中心性和结构洞指标，中心性分析考察制造业在网络中的影响力和中介作用，结构洞分析则考察制造业利用网络位置转嫁税负的能力。关于网络位置的分析分为两部分：第一部分分析制造业在整个增值税税收网络中的位置及变化趋势，这是本书研究的核心；第二部分为了解制造业网络位置变化的内部动因，将制造业本身作为一个增值税网络，研究其内部结构特征。

本书主要结论：第一，从时间变化历程上看，随着"营改增"全面扩围和行业间关联更加紧密，行业间的税收关联数量和强度大幅度提升，增值税税源结构变得更加复杂。第二，从税收关联的分布来看，增值税税源结构异质性特征非常明显，强税收关联非常少，行业之间的税收关联大多为弱关联，这种关联强度高度集中的趋势随着"营改增"的推进和经济发展不断增强。第三，从税收集群角度来看，我国增值税税源结构表现出明显的工业化生产特征，与我国的经济体系特征高度一致。整个增值税税源结构基本上围绕着工业产品的原材料供给、生产制造、销售、融资为核心构建，与这些环节相关的采矿业、制造业、批发零售业、交通运输业、建筑业、金融业等行业在增值税网络中的税收关联强度远超其他行业，并且构成了网络中最大的税收集群。制造业与批发零售业之间的税收关联是强度最高的税收关联，也是网络中直接和间接承担税收流量较强的税收关联。第四，从结构对等角度来看，增值税税源结构呈现出明显的中心—边缘特征。制造业板块在增值税税收网络中居于核心地位，与所有板块都产生了销项—进项关联，并且扮演着税收净流出的角色。金融业板块与交通板块居于次中心地位，而其他大部分行业则处于边缘位置。第五，制造业在增值税税源结构中居于核心位置，制造业几乎与所有行业都形成了强关联，几乎一直是网络中所有税收集群的成员，并且承担着网络中最重要的税收关联，在税收关联上制造业很难被其他行业替代。第六，制造业的中心地位并非如税收收入视角所述，随着"营改增"扩围和自身发展放缓而被削弱，反而有所加强，特别是将绝大部分行业都纳入征收范围之后，制造业对整个税源结构的影响变得越来越大，具体体现为进项关联强度的上升以及桥梁作用的不断增强。第七，在制造业内部的税收网络中，最有影响力的行业位居产业链上游，对其他行业税收拉动作用较强的行业则居于产业链下游。其中，金属冶炼、化学品一直是销项关联强度排名前两位的行业，电气机械和器材、交通运输设备则一直位居进项关联强度的前两位。中介中心度和集群分析结果表明，我国制造业增值税网络呈现出明显的生产性特征，大部分的税收关联和税收收入是在制造生产工具和设备的过程中产生的。

目　录

第一章 导 论

第一节 研究背景及意义

一、研究背景

（一）不断下降的制造业增值税税收收入份额

增值税是我国第一大税种，是保障税收收入长期稳定的基石。随着 2016 年"营改增"全面扩围，近年来增值税的税收地位得以强化，我国一半以上的税收收入来自增值税。2008～2017 年，增值税收入占税收收入比重从 2008 年的 43.67% 逐步跌至 2015 年的 31.68%，2016 年"营改增"全面扩围后快速上升至 2017 年的 45.85%（见图 1-1），长期保持在 30% 以上的比重以及近年来接近 50% 的占比充分体现了增值税在我国税收收入中的主体地位。在增值税税源中，制造业一直是国内增值税最重要的税源，2008～2015 年一半以上的国内增值税收入来自制造业（见图 1-2）。制造业之所以能够提供这么多的增值税税收收入，除了由于制造业庞大的商品交易额外，也在于我国长期以来将金融业、交通运输业、建筑业等重要税源排除在增值税征税对象之外，并对制造业实行重税政策，即使经过多次税率调整，制造业的法定增值税税率也一直是全行业最高。

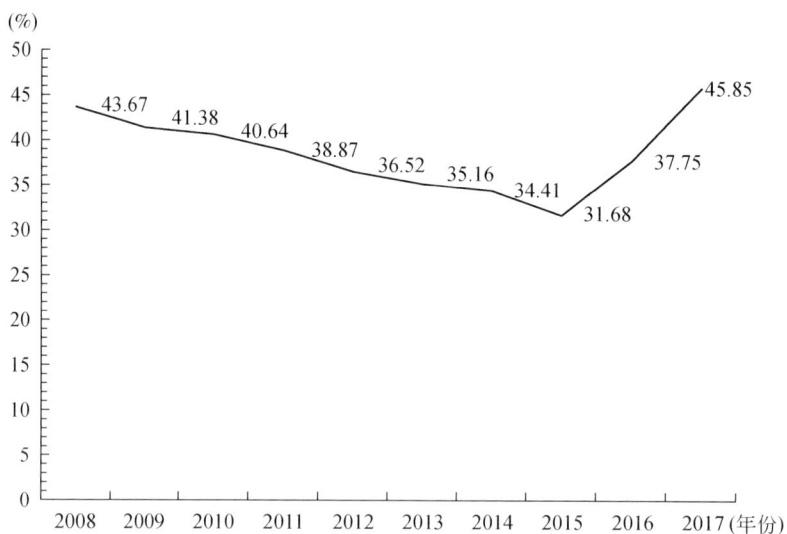

图 1-1　2008～2017 年增值税占税收收入比重

资料来源：相关年份《中国税务年鉴》。

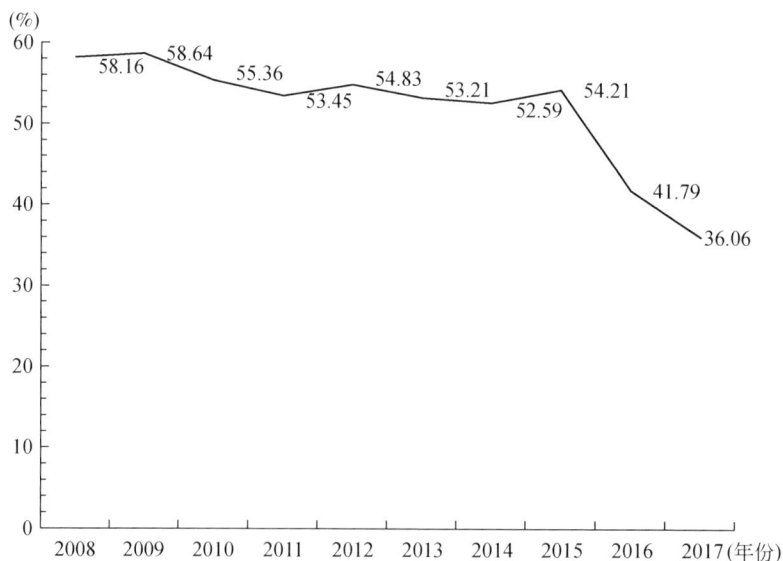

图 1-2　2008～2017 年国内增值税中制造业贡献的比例

资料来源：相关年份《中国税务年鉴》。

但是制造业在增值税税源结构中的地位似乎正在悄然改变。随着增值税由生产型向消费型转变、"营改增"逐步扩围至全行业、法定税率不断下调，以及中国经济步入新常态，制造业在增值税中的税收收入份额呈快速下降趋势。如图1-2所示，2008年制造业提供的增值税收入占国内增值税比重达到了58.16%，2017年制造业的增值税比重降低至36.06%，十年间下降超过20个百分点。2019年4月，我国开始实施增值税减税新政策，将制造业的增值税税率由16%降至13%。2019年上海财经大学发布的《中国增值税减税政策效应季度分析报告》显示，2019年第二季度，制造业的增值税应纳税额为3392.58亿元，全行业为11233.57亿元，制造业的占比仅为30.20%。从制造业提供的增值税税收收入份额来看，制造业在增值税税源结构中的地位正逐步降低[①]。

在税制结构调整的背景下，制造业在增值税税源结构中的地位可能会面临继续下降的局面。在发达国家税制结构演变历程中，随着经济发展水平的提升及社会发展目标由效率向公平转变，基本形成了以直接税为主体的税制结构（刘溶沧和夏杰长，2002；国家税务总局课题组，2009；崔军和朱晓璐，2014；杨志勇，2014）。提高直接税比重一直是我国税制改革的方向。党的十八届三中全会指出，"逐步提高直接税比重。推进增值税改革，适当简化税率"。党的十九届四中全会也强调"完善直接税制度并逐步提高其比重"。对于当前中国的税制结构而言，提高直接税比例，有两种路径：一种是扩宽现有直接税税基、提高税率或者开征财产税新税种（安体富等，2014；胡怡建和徐曙娜，2014；高培勇，2018；杨默如，2019）；另一种是通过降低制造业等高税率行业的税率来降低增值税比例（楼继伟，2015；安体富，2015；樊勇，2019）。从微观税收负担角度来看，单纯提高直接税比重肯定会加重个人税收负担，如果不降低间接税转嫁给个人的税负，必然会导致个人税负总体水平上升，因而国家出于稳定总体税负水平考虑可能同时采取以上两种路径，这意味着未来制造业增值税税率必然会继续下调。并且，随着我国产业结构转型升级过程中制造业比重不断下滑，制造业对增值税税收收入的贡献可能会继续下降。对于增值税而言，制造业似乎正变得越来越不重要。

---

① 如果考虑"营改增"之前的税收收入统计口径，制造业的税收收入份额也呈现出一定程度的下降。

（二）衡量行业税收地位：两种视角的比较

如前文所述，制造业贡献的增值税税收收入份额随着"营改增"全面扩围以及自身发展趋缓呈现明显下降趋势。那么，这是否意味着制造业在增值税税源结构中的重要性和影响力在下降呢？换言之，仅凭税收收入份额就能判断制造业在增值税税源结构中的地位和作用吗？回答这一问题取决于从哪种视角界定制造业在增值税税源结构中的地位和作用，也就是从什么角度解剖税源结构。目前，学界存在两种结构分析方法：一种是基于属性变量的结构分析，以个体的属性特征为出发点进行结构划分，收入就可作为行业税收的一个属性维度，沿着这个视角分析的增值税税源结构大多关注增值税的税收收入在不同领域的划分；另一种是基于关系变量的分析，把个体之间的关联作为划分结构的切入点，在这种视角下个体在结构中的地位和作用不再取决于个体的属性，而是取决于它与其他个体之间的关联，这种关联并非个体独有，而是同属于相互关联的个体。下文将详细比较这两种视角，并指出社会网络分析视角的优势，进而提出本书的研究主题——分析增值税税源结构，明确制造业在税源结构中的网络位置，用网络位置来指代制造业对增值税的税收贡献情况。

1. 税收收入视角

现有关于税收贡献的研究主要是对税源结构进行简单的税收收入结构分析（罗明义，2001；张伦俊，2006；姚莲芳，2011；王乔等，2011；张伦俊和张光文，2013；姜竹，2012；白景明和何平，2017，2019；欧阳明，2017），即计算税源结构中各项组成部分占总体的比重（陆雄文，2013），以税收收入份额作为衡量增值税税收贡献的标准，这种分析方法本质上是对总体数量的结构分析。随着产业转型升级，制造业自身创造附加值的能力和速度慢于金融服务业等行业，同时制造业增值税税基相对下滑及税率政策的调整，也导致制造业税收收入增速放缓，对增值税税收收入的贡献度下滑明显。

税源结构分析等同于税收收入结构分析的根基源于经济学的个体主义方法论，以个体作为分析的逻辑起点（熊彼特，1996），整体是对个体的简单加总。沿着个体主义的分析思路，增值税的行业税源结构就是每个行业贡献的增值税税收收入及其数量关系，制造业增值税税收地位取决于该行业贡献的税收收入及所占的份额。这种以个体为逻辑起点的分析，实质上是将个体作为相互独立的各方，忽略了个体之间的关联对个体特征的影响，尽管其本身并不否认这种关系的存在（段培君，2002）。实际上，个体主义方法论本身非常关注产业间相互的税收影响，包括对产业间税负转嫁的关注（聂海峰和刘怡，2011）和利用投入产出法测算行业的增值税税收收入（姜明耀，2011；胡怡建和李天祥，2011）等。

在税负转嫁方面，一般观点认为增值税税负转嫁会导致纳税人与负税人分离，从而产生实际税负与名义税负的差异，因此各行业名义贡献的税收收入并不是各行业实际的税收贡献，需要用税负转嫁后的税收收入来衡量（聂海峰和刘怡，2011）。增值税是较易转嫁的税种，不同行业间的增值税通过商品、服务的交易实现转嫁，单单考虑制造业贡献的税收收入而忽略了税负转嫁因素，并不能准确衡量制造业在增值税税收中的地位。因此，衡量不同行业税收贡献需要将税负转嫁的因素考虑进来，利用行业实际承担的增值税税负占总体的份额作为衡量行业增值税税收贡献的标准，这本质上仍是从收入份额的角度衡量税收贡献。税负转嫁视角与利用名义税收收入衡量税收地位的分析并无本质区别，仅仅是对简单结构分析的一种补充和完善，其仍是将各行业视为一个个独立的个体而忽视了行业间彼此关联及以此为基础形成的网络结构对各行业税收地位的决定作用。

投入产出法相较而言更加关注产业间的关系。该方法通过产业间的投入产出关联计算每个产业的增值税税收收入，以及税率波动对税收收入的影响（姜明耀，2011；胡怡建和李天祥，2011）。虽然这种方法能够基本上呈现出产业间的税收关联，但最终目的是计算每个行业的增值税税收收入，并将税收收入作为结构分析中的切入点，而不是考虑税收关联在结构分析中的重要性。投入产出法之所以没能从关联的视角进行结构分析，主要有两点原因：一是该方法本身源于个体主义视角，虽然利用关联计算产出或税收收入，但最终仍回归到关于属性变量的分析上。二是投入产出方法在测量产业之间的投入产出关联上，的确提出了一些体现产业关联效应的指标，如完全消耗系数、完全分配系数等，但增值税税收收入计算方式与这些系数计算有所不同，难以利用其构建相类似的税收关联系数，只能利用投入产出表中关于中间使用（投入）方面的数据反映行业之间在生产环节的增值税税收关联。同时，投入产出法关于结构的分析相对社会网络分析更为单薄，只能反映结构中某个侧面的指标，不能完全体现结构的复杂性、每个行业在网络中的位置，以及这些位置对行业税收贡献的影响等。不过，投入产出分析方法为社会网络分析提供了非常好的基础——行业之间的投入产出关联数据，只需稍加调整就能获得每个行业之间在生产环节上的增值税税收关联。获取关系数据是社会网络分析的第一步，除了帮助社会网络分析完成这第一步之外，投入产出的一些分析思想也能用于社会网络分析，如产业的拉动效应和推动效应可以用来表示制造业对其他行业的税收影响等。

在制定新的增值税税收政策时，国家会着重考虑行业之间的税收关联对税收政策效果的影响。例如，在2019年的增值税税率大幅度调整过程中，就出现了一个有意思的现象。我国在降低制造业增值税税率时，也同时降低了交通运输业、建筑业等行业的税率，并对一些适用6%税率的行业采取加计扣除的方式，以保证行业税负只减不增。2019年的增值税改革主要目标是降低制造业等实体经济的增值税税负，但考虑到降低这些行业的税负会相应减少下游行业的进项税额，从而变相抬高下游行业的增值税税负，所以国家也相应降低了下游行业的税率以平衡大幅度税改可能造成的负面冲击。不过即使决策层在制定政策时会充分考虑到产业之间的税收关联，但涉及对税源进行结构分析时，最终也会回归到对税收收入的关注，在税源结构分析中并未过多关注产业间的税收关联。

总之，从税收收入视角出发研究税收贡献，虽然也关注产业间的相互作用（关联），但最终的聚焦点仍停留在由产业相互关联所形成的税收收入上，从而贡献相同税收收入份额的行业在税源中具有同等重要的地位。这一视角的研究忽视了增值税税源结构是一个由不同行业相互关联形成的税收网络的事实。在复杂的税收网络中，每个行业与其他行业之间的税收关联都不相同，对整体税收收入的拉动、推动、中介作用也不相同，即使税收收入相同的行业也可能处在不同的网络位置。显然，税收收入视角难以分析增值税税源的这类结构特征，而社会网络分析方法则提供了一系列分析这类结构的工具。

2. 社会网络视角

从税收收入视角进行研究很难回答"为什么两个税收收入份额相同的行业，它们的税收地位和作用却不同"这一问题，这表明要分析增值税税源结构，更加准确地认识每个行业的税收地位和作用，需要深入到真正的结构中，而不仅仅是将关注点停留在税收收入上。增值税税源结构实质上是一张税收网络，它由投入产出网络派生而来，在增值税销项—进项抵扣的计税机制下，行业间因投入产出关联而产生了销项关联和进项关联，构成了一个以各行业为点，由行业间的销项关联和进项关联为线连接而成的网络。当开征增值税之后，这张网络便形成了，只不过由于起初纳入征收范围的行业较少，整个网络的税收关联并不多。随着2016年"营改增"全面扩围，除第一产业外，其余行业都与其他行业产生了双向税收关联，网络的复杂程度也随之提升。直观上看，增值税税收网络表现出来的结构明显不同于税收收入所代表的结构。要分析这张包含产业间税收关联的网络，并且明确制造业在网络中的位置以及对于整个税源结构的重要性，需要借助社会网络分析方法，从网络的视角剖析增值税税源结构。

始于关系、终于位置的社会网络分析。始于关系是指社会网络以行业之间的税收关联为关注点，分析每个行业与其他行业的税收关联特征，包括税收关联数量、销项关联和进项关联的强度等。终于位置是指社会网络分析的最终结果是明确各个行业在增值税税收网络中的位置，社会网络分析根据不同行业的税收关联特征，将每个行业置于不同的网络位置①，不同的网络位置代表不同的税收地位和作用。不同于税收收入视角的是，网络位置更多是指类型上的差异，而很少指量上的差异。因此，关于制造业增值税税收贡献的研究，也就转变成关于确定制造业网络位置的分析。社会网络提供了一系列概念用于测量网络位置，如中心度、结构洞、小团体、结构对等。其中，中心度测量的是个体的网络中心性；结构洞衡量的是个体对其他个体的控制能力；小团体反映的是税收关联最紧密的群体；结构对等分析的是具有相似税收关联特征的群体。正是这些指标从不同角度衡量了一个行业的税收地位。从社会网络的视角来看，中心度越高、结构洞位置越好的行业税收地位越高，对其他行业乃至整个税收网络的影响就越大。这种影响体现在三个方面：一是前向的推动，即上游行业的销项税额对下游行业的进项税额的影响；二是后向的拉动，即下游行业的进项税额对上游行业的后向拉动作用；三是桥梁作用，即帮助其他行业实现间接税收关联的作用。在增值税税收网络中位置越好的行业税收贡献越大。

---

① 在社会网络分析中，角色和位置是一个专业术语。网络位置是指一系列嵌入相同关系网络中的行动者；网络角色是指把各个社会位置联系在一起的关系组合（刘军，2004）。在本书中，除明确标注外，关于网络位置的表述均为通常理解的概念，即地位或作用的大小。

（三） 研究主题

个体主义视角利用增值税税收收入份额来衡量制造业增值税的税收贡献大小及变化趋势，发现制造业在增值税税源结构中地位下降的趋势非常明显。但是这类观点无法解释税收收入份额相同的行业在税源结构中的地位差异或者是否拥有相同的税收影响力。如果从社会网络视角出发，将增值税税源结构看成是一个由各个行业相互关联而成的增值税网络，那么，制造业在这个网络中的税收地位及变化趋势如何？还会像税收收入份额显示的那样呈现一直下降的趋势吗？制造业在网络中的税收地位和影响力是如何体现的，是否存在与制造业相同的影响力或者关联紧密的行业呢？制造业内部的增值税税收网络结构如何，这种网络结构又呈现出怎样的变化特征呢？基于社会网络视角的分析，能给增值税政策实践带来什么样的启示，未来的税制改革会对制造业的增值税税收贡献或者全行业的增值税产生怎样的冲击，这会对中国今后的增值税改革乃至整个税制改革产生什么样的影响？

基于上述问题，本书利用社会网络分析方法分析增值税税源结构，在增值税税收网络中确定制造业增值税的税收地位，以税收地位和角色来表示制造业的增值税税收贡献，进而研究制造业的增值税税收贡献变化趋势及内部结构特征。本书以全行业投入产出表为基础，结合增值税税率测算行业间的销项税额—进项税额关联，并利用阈值法构建用于网络分析的全行业增值税税收关联网络。在此基础上，借助社会网络分析软件 UCINET 分析增值税税收网络的规模、密度、中心度、结构洞、小团体、结构对称性、核心—边缘等网络结构特征，以此确定制造业在税收网络中的位置、角色及内部结构特征，进而描述社会网络视角下制造业的增值税税收贡献变化趋势。同时，为了呈现两种方法的差异，本书也将采用结构分析的方法，从税收收入角度分析制造业在增值税税源结构中的位置、变化情况及内部差异。在此基础上，本书将回答增值税中制造业税收地位是否下降的问题，并讨论随着制造业转型升级以及国家税制改革沿着提高直接税比重方向迈进的过程中，对制造业采取什么样的税收政策才能既保障稳定的税收收入，又推动制造业顺利转型升级。

二、研究意义

(一) 理论意义

本书的理论意义有两点：一是为增值税乃至税收、财政研究提供了一种新的视角。在促进不同学科之间对话的同时，也有助于进一步完善现有的理论乃至构建新的理论分析框架。社会网络分析作为社会学领域主流的研究范式，不仅提供了处理关系数据的统计方法和视角，还包含一系列关于关系研究的理论，如社会资本理论（Bourdieu，1986；Coleman，1990；Putnam，1993；Portes，1998；Lin，2001；Burt，2000）、结构洞理论（Burt，1992）、弱连带理论（Granovetter，1973，1985）等，用于研究社会结构与个体之间的互动关系、结构演进等。虽然本书只是利用社会网络分析揭示增值税的税源结构，并没有引入相关理论分析增值税领域的相关问题和现象，但是通过本书的研究或许能给今后的财税理论研究探索出一条新路径。

二是拓宽了社会网络分析方法的应用领域。任何一种理论或视角都有自身的边界，通过拓展新的应用领域能够发现一种理论或视角的优势和局限性。现有的社会网络分析方法较少涉及税收研究，利用社会网络分析方法研究增值税税收贡献拓展了社会网络分析方法的应用领域。由于税收数据的特殊性，在处理网络关系数据的过程中，需要借鉴行业间的投入产出数据，将投入产出数据处理成增值税销项—进项数据后，再处理成行业间税收关联数据。这在之前的社会网络分析中并不常见，由此形成的结论也可能存在差别，这种尝试有助于丰富社会网络分析方法的应用。

(二) 实践意义

如何根据税源特征更好地征收适度的税收，一直是决策层关注的核心问题之一。以往的税收贡献和税源结构研究更多以税收收入为切入点，对产业之间的税收关联及以此为基础形成的税源结构关注不多。因此，强调产业之间的税收关联能够帮助决策者更加全面地认识不同行业的税收地位和作用，并以此为基础制定、评估相关增值税税收政策。制造业一直是我国最重要的税源，也是增值税最重要的税源。当前我国经济正处在转型升级的关键路口，我们是建立以金融业为主导的空心化产业体系以最大化利用全球化分工的比较优势，还是继续保留完整的制造业体系推动金融与实体经济的深度融合以保证国家经济安全，不同的路径选择不仅会影响制造业的经济定位及税收定位，也会对整个税制结构的调整、国家经济走向和社会发展产生深远影响。研究制造业在增值税税收网络中的地位，有助于精准判断制造业的税收地位及增值税税源结构的变化趋势，为制定今后的产业政策、税收政策提供参考。经济和社会发展的转型必然会对分配机制产生影响，税收作为一种分配手段也会面临新的调整。未来，我国税制改革的主要任务是逐步提高直接税比例，这一改革过程意味着税源从以商品、服务流转为主向以劳动、资本要素为主转变，完成这一目标必然要求进一步降低制造业的增值税税收负担。税制结构的转型是必然的吗？这种转型有哪些可行的路径，如何去实现这种转型？降低制造业税收负担会对增值税税收收入乃至总体税收收入产生什么样的冲击？对于这些问题，关于增值税税源结构的社会网络分析或许能够提出新的观点。

第二节　文献综述

本书系统地梳理了关于制造业税收的研究文献，以明确制造业税收领域主要研究的话题，以及税收贡献这一政策性研究话题在制造业税收研究中的现状。在此基础上，本书进一步梳理了关于税收贡献的相关文献，以明确本书的研究起源和研究价值。

一、关于制造业税收问题研究的文献综述

目前，学界关于制造业税收问题的研究主要集中在以下三个方面：一是税收政策及其调整对制造业经济运行的影响，这类文献主要讨论税收政策对制造业生产率、创新、投资等方面的影响；二是制造业税负及税收政策制定，这类文献主要关注制造业的税负水平及影响因素；三是税收竞争与制造业发展之间的关系等，与前两类文献相比，学界对这类话题关注得较少。

（一）税收政策与制造业经济运行

一是税收政策与制造业生产效率之间的关系。学者从不同角度考察了税收政

策调整与制造业生产效率之间的关系，发现"营改增"和降低税率都有利于提升企业生产效率，促进制造业升级。陈丽霖和廖恒（2013）研究发现，增值税转型促进了生产效率的提升，其政策效应逐年显现。李永友和严岑（2018）发现，服务业"营改增"的减税效应的确带动了制造业以生产率提升为标志的转型升级，无论哪种类型的制造业企业，"营改增"之后都出现了以非制造业业务收入占比下降为标志的分工深化现象。刘伟江和吕镯（2019）实证检验了"营改增"对制造业全要素生产率的直接影响及"营改增"通过制造业服务化对全要素生产率的间接影响，结果表明"营改增"政策主要通过直接作用提高了制造业全要素生产率，经由制造业服务化来提高制造业全要素生产率的中介作用并不存在。杨智峰和毕玉江（2019）研究发现，对于东部地区，降低企业所得税的增长率在短期内对制造业升级有显著的积极影响；对于中部地区，降低企业增值税的增长率对制造业升级有显著的积极影响；对于西部地区，降低个人所得税和非税收入的增长率对制造业升级有显著的积极影响；对于东北地区，减税对制造业升级无影响。倪婷婷等（2020）考察了"营改增"对制造企业升级的影响与机理，发现"营改增"明显促进了民营企业和税收征管力度较强地区的制造企业升级，而对国有企业和税收征管力度较弱地区企业的影响并不明显。

与其他学者不同，于文超等（2015）考察了税务检查对企业税负水平与生产效率的影响，发现税务检查对企业税负水平存在显著正向影响，在财政创收压力越小、法治环境越好的地区，税务检查与企业税负水平之间的正向关系越弱。贾婷月（2018）则研究了税制结构与制造业转型升级之间的关系，发现增值税、个人所得税占总税收收入的比重的提高不利于制造业实际劳动生产率规模的扩大，但个人所得税相对地位的提升却有利于促进制造业向以技术密集型行业为主的结构转型。

二是税收政策与制造业创新。学者考察了税制改革、税收优惠对制造业技术创新的影响，普遍的结论是税收改革、税收优惠和税收扶持有利于促进制造业企业技术创新。在税制改革方面，杨振兵和张诚（2015）考察了两税合并对企业创新效率的影响效果，发现两税合并政策不但有助于内资企业学习更多的先进技术，提升企业的竞争力，也有助于提升外资企业的创新动力。王梦月和强国令（2018）考察了"营改增"政策对企业创新的影响，发现"营改增"政策显著抑制了制造业企业创新水平。汪卢俊等（2019）考察了税制改革对制造业技术进步的影响，发现提高直接税占比显著促进了制造业技术进步，增值税转型改革对技术进步具有促进作用，这一效应在固定资产投资占比较高的行业中更为显著。在税收优惠方面，石绍宾等（2017）测量并验证了企业所得税优惠政策对企业研发投入及产出的激励效应。郭健（2018）认为，我国现行税收政策存在对技术创新激励不够、对固定资产投入支持不足、对企业并购重组缺失扶持以及对产业跨界融合引导不力，须在国际减税趋势下重新审视现行税收扶持政策体系，以更好地促进制造业转型升级。

三是税收改革与企业投资、产业分工。在投资方面，Hall 等（1969）的研究发现，税收优惠中的折旧政策对装备制造业投资有着显著影响，免税额度对投资行为的刺激效果也是无可争议的。Alam 和 Stafford（1985）研究了税收激励对制造业企业投资的影响，发现税收优惠是影响企业投资决策的次要因素，大企业比小企业更容易对税收优惠做出反应。Tajika 等（1988）比较了税收政策对美日两国制造业投资成本和有效税率影响的内在差异，结果表明美国的税收政策更有利于促进投资，但美国的税收政策并不能将美国的投资成本降低到日本的水平。在有效税率方面，美国制造业的有效税率要低于日本同行业水平。Liu 和 Lu（2015）的研究发现，"营改增"会刺激企业增加投资，这反过来增加了企业的出口。Eric（2019）运用修正的差分框架，估计了美国各州采用联邦加速折旧政策对美国制造业投资的影响。在分工方面，陈钊和王旸（2016）研究了"营改增"改革促进专业化分工的两种可能，发现部分制造业企业由原来自给自足提供生产性服务变为对外经营该业务，部分服务业企业获得了来自制造业企业更多的业务外包。王桂军和曹平（2018）的研究表明"营改增"政策可以通过促进专业化分工显著地降低制造业企业以专利为表征的自主创新意愿，"营改增"在降低企业自主创新意愿的同时提高了企业的技术引进水平。

四是国际税收政策的影响，主要是关税调整、新税种开征等对制造业经济运行的影响。兰宜生和徐小锋（2019）实证检验了关税对不同产业的影响差异，结果表明，相比一般制造业，中间品关税和最终产品关税税率对高技术产业的全球价值链参与度产生的负面影响更大。宋旭光和张丽霞（2019）模拟了关税上升对中美以及世界其他国家制造业的影响程度发现，全球大多数国家的关税有效保护率均有所下降，中美之间的差距在不断缩小。美国加征关税不能达到对其国内制造业保护的目的，其加征关税对中国制造业的影响也十分有限。孙彦林和陈守东（2018）的研究发现，特朗普税改政策的实施对中国制造业产生了正的直接效应与负的间接影响。沈可挺（2010）评估了碳关税对中国制造业可能造成的冲击程度。

此外，一些国外学者还关注税收政策对劳动力成本及产品价格的影响。Agapitos（1979）研究了税收对制造业产品价格的影响，发现对企业利润征税并不会引起总体上的通货膨胀，但不同行业之间差异很大。Aziza 和 Levratto（2015）发现，在法国的制造业企业中，退税所导致的劳动力成本降低主要有利于快速发展的企业和大型企业，小企业和经营不善的企业虽然也受到影响，但效果非常有限。

（二）制造业税负及税收政策制定

学界另一个比较关注的话题是制造业税负及税收政策制定。长期以来，各界普遍认为我国制造业税收负担过重（张伦俊和李淑萍，2012），一些减税政策被发现效果不佳（白景明等，2017），部分学者发现我国企业特别是制造业企业中存在税负粘性现象（丛屹和周怡君，2017；程宏伟等，2018；王百强等，2018；秦皓楠等，2018；程宏伟和杨义东，2019；余新创，2020；胡洪曙和武锶芪，2020）。同时，增值税的留抵问题也受到关注。卢雄标等（2018）发现留抵税额在不同制造业之间存在显著的差异，且不同程度提高了企业的成本，并对企业的盈利水平和现金流造成不利影响。其建议逐步建立全行业的留抵退税制度、简并税率、逐步取消"营改增"过渡政策、打通小规模纳税人与一般纳税人的抵扣链条。

关于制造业企业税负影响因素方面，学者也做了大量研究。樊勇（2012）研究了增值税抵扣制度对第二产业行业增值税税负的影响，发现扩大增值税抵扣范围的改革有利于缩小行业间税负差异，均衡行业间增值税税负，从而促进行业间的公平竞争。刘建民等（2013）发现，主营业务收入、净资产收益率对流转税税负的影响是正向的，主营业务成本和存货变动率对流转税税负的影响是负向的；资产负债率对所得税税负的影响是负向的，企业的规模、固定资产密度、净资产收益率对所得税税负的影响是正向的。胡春（2013）发现"营改增"普遍降低了制造业行业的税率，但波动幅度要低于服务业。董根泰（2016）研究了"营改增"对制造业行业中的大中型企业税负的影响，发现"营改增"对制造业企业税负并无显著影响。何辉等（2019）分别从整体制造业企业视角、不同类型制造业企业视角、不同耗能制造业企业视角以及高新技术与非高新技术制造业企业视角进行实证分析，检验了制造业企业税负与企业产值的关系。王永培和晏维龙（2014）研究了产业集聚的避税效应，发现制造业地理集聚提高了企业避税强度，族群成员协同集聚的溢出效应强化了企业间避税的相互学习和示范。李建英等（2015）分析了制造业上市公司企业所得税有效税率与其影响因素之间的关系，发现公司规模越大、盈利能力越强，企业所得税有效税率越低；企业的资产负债率与企业所得税有效税率呈显著正相关关系。李普亮和贾卫丽（2019）研究了"营改增"的减税效应，发现外购"营改增"试点行业的服务状况和税收征管强度对制造业企业的减税获得感具有重要影响。

此外，一些学者还研究了制造业税收政策的制定问题。张伦伦和蔡伊娜（2018）基于投入产出表测算了先进制造业减税效应和政府增值税减收效应，发现先进制造业降低税率产生的减税效应较小，采用即征即退优惠政策的先进制造业增值税减税效应及政府增值税减收效应都较为明显。陈思瑞（2019）认为，在全球范围内税收竞争加剧的背景下，中国应当重视税收间接优惠，对创新研发给予包括研发费用、研发设备在内的全面优惠，引导制造业企业重视人才培养，实现转型发展。龚辉文（2020）考察了制造业增值税税率下降对于制造业企业税负的影响，认为相比于单纯降低制造业增值税税率，建立征收范围更广、抵扣链条更完整、避免重复征税更彻底、税率更简单的规范增值税税制，对制造业的发展更具重要意义。

（三）税收竞争与制造业发展

税收竞争本质上是地区间关于税源和产业发展之间的竞争，这种竞争会影响到地方的税收收入和产业发展水平，不同学者探讨了税收竞争与制造业发展之间的关系。赵静（2014）实证检验了地方政府的税收竞争对产能过剩的影响，结果表明地方政府的税收竞争加剧了重工业的产能过剩程度，增值税竞争的影响大于总税收竞争和企业所得税竞争的影响。在中部、西部地区，地方政府的税收竞争对重工业产能过剩的影响更为显著。唐飞鹏（2017）的研究新建了一个嵌入地方政府借贷行为的理论模型，发现地方税收竞争对区内工业企业利润的影响取决于政府治理能力，"税收天堂"效应只在低治理能力地区才是占优策略。张建华和任仕美（2020）从税收总量和结构双重视角探讨了税收竞争对制造业全要素生产率的影响，发现在税收总量上，税收竞争不利于制造业全要素生产率的提升。在税收结构上，所得税竞争抑制了制造业全要素生产率的提升，增值税竞争促进了制造业全要素生产率的提升。

（四）小结

从现有关于制造业税收问题的研究可知，虽然不少学者非常关注"营改增"与制造业之间的关系以及制造业税收负担问题，但对制造业的税收贡献以及增值税税源结构等问题关注不多，利用社会网络视角研究制造业税收问题的文献更少。为了进一步凸显本书的研究价值和创新性，本书继续梳理现有关于税收贡献方面的研究文献，以了解税收贡献问题研究的现状。

二、关于税收贡献结构分析的文献综述

税收贡献研究是指对税收收入来源的结构分析，现有研究将税收贡献等同于各经济部门、行业、要素、地区、群体等不同纳税主体提供了多少税收收入，以税收收入和税收协调系数等为指标衡量不同纳税主体的税收地位和作用。

当前，关于税收贡献的研究主要集中在行业的税收贡献方面。学者以行业提供的税收收入为基础构建相关指标，研究行业的税收收入规模及税收地位，研究的行业涉及旅游业、制造业、流通业、金融业以及三次产业的比较等。学者在早期主要是选取一个地区的一个代表性行业，研究该行业的税收收入贡献以及经济效益等，并在此基础上提出提高行业税收贡献的建议，如罗明义（2001）关于云南省旅游业税收贡献的研究、姚莲芳（2011）关于武汉市制造业税收贡献的研究等。基于某个地区某个行业的税收贡献研究具有一定的地域特色，但不具有全国范围内的代表性。学者后来则关注全国范围内某个行业的税收贡献，王乔等（2011）实证分析了中国流通业的税收贡献，发现批发零售及餐饮业贡献过度，交通、邮电通信和仓储业贡献不足。张伦俊和张光文（2013）分析了金融业的税收收入情况，并与工业、房地产业等行业相比，发现金融业税负偏重，协调系数远大于1。白景明和何平（2017）从行业结构、税种结构、区域、企业性质等方

面分析了我国制造业的税收贡献情况，认为制造业稳定和结构转换直接影响税收增长稳定度，并建议将消费税征收转移到批发零售环节，降低抑制生产效应，科学认识简并增值税税率对制造业税负的影响。另外，一些学者关注得更加系统，席卫群（2015）研究了中国三次产业的税收贡献情况，发现第二、第三产业是税收的主要承担者，其中第三产业税收贡献最大；东部地区是产业税负的主要承担者，税收超额贡献，但中西部地区对建筑业和房地产业的依赖程度显著高于东部地区。

此外，一些学者研究了其他要素的税收贡献。姜竹（2012）研究了影响商品消费的因素及其对我国税收收入的影响，认为虽然生产资料销售额增速最大，但对税收收入贡献最小；批发零售销售额增速最小，但对税收收入贡献最大。欧阳明（2017）从经济理论、统计制度、税收制度方面对投资和消费的税收贡献进行比较，发现不考虑进出口因素，投资的税收贡献高于消费。张伦俊（2006）分析了区域经济发展与税收贡献的联系与差距，发现东部地区的税收与经济增长协调程度好于中部、西部地区的协调程度。

总体来看，这些关于税收贡献的研究基本涵盖了税收贡献研究的表征，即税收贡献是什么、由哪些部分组成等。但是，缺少对税收贡献影响机制的深入研究，同时如果单纯从行业本身的税收收入来衡量税收贡献也存在一定的缺陷，这忽略了不同纳税主体的税收关联。如果从社会网络角度来看，企业间、行业间、地区间因经济关联而产生了税收关联，构成了一个税收网络，单个行业、企业的税收收入并不足以衡量企业（行业、地区）的税收贡献。

三、关于税收贡献影响因素的文献综述

沿着税收收入视角，关于税收贡献影响因素的研究就等同于研究税收收入变化，一般是指研究税收收入增长。对税收收入进行数量结构分析，是从静态的角度讨论不同因素对税收收入的贡献；而研究税收收入的增长，则是从动态的角度探讨不同因素对税收收入的影响。与静态分析关注结构解析不同的是，关于税收收入增长的研究除结构分析外，还注重机制的阐述，将税收收入增长视为不同因素共同作用的结果。方法上的差异使得税收收入增长的研究更复杂也更有趣。关于税收收入增长研究较多的领域集中在我国经历的20多年税收高速增长现象上。

1994 年分税制改革后至 2008 年，我国税收收入总量从 5126.9 亿元增长至 54219.6 亿元，增长约 10 倍，年均增长率接近 20%，而同期 GDP 仅增长 9.6%（赵松涛，2009）。这种税收收入增速远超 GDP 增速的超高速增长现象，引起了学界的广泛关注。早期研究更多偏重从综合性视角解释税收收入的高速增长。贾康等（2002）认为税收收入的超高速增长是经济增长、征管力度加大、税收优惠政策到期的结果。安体富（2002）将这一现象归结于经济因素、政策性因素、管理因素、税款"虚收"因素四者共同作用的结果。谢旭人（2006）则考虑了统计口径、GDP、税收结构、进出口、征管等因素的影响。这类综合性研究基本上覆盖了影响税收收入高速增长的各种因素，但是缺乏对某一个角度的深入研究，一些机制和问题阐述不够清晰。后续研究在此基础上从更加细致的视角对这一问题作了深入探讨，目前主要形成了两类视角：一类是从税源的视角出发，解释税收超高速增长的经济根源；另一类是从征管的视角出发，认为政府征管在推动税收收入增长中发挥了重要作用。

（一）影响税收贡献的经济因素

税源视角认为经济决定税收，税收的增长归根结底是税源的扩大。这类研究从经济增长、产业结构等方面对税源进行结构分解，以分析促进税收收入高速增长的经济根源。

第一，解释税收收入高速增长的经济增长视角。GDP 是最大也是最重要的税源，从经济角度解释税收收入的高速增长始于对 GDP 与税收增长之间关系的论证。从经济增长角度解释税收收入增长的早期研究来看，更多是依据测算的税收收入弹性或相关性来解释二者之间的关系。吕冰洋和郭庆旺（2004）测算的税收收入弹性为 1.54，童锦治等（2013）测算结果为 1.35，周黎安等（2012）计量分析结果发现 GDP 增长对税收增长有接近 45% 的解释力。从实证分析来看，经济增长与税收收入的高速增长确实有很强的相关性。在相关性研究的基础上，张玲和祁伟（2014）发现了外部经济社会环境变化对二者相关性的影响，以增值税税收为指标度量的环境动态性由弱变强时，GDP 增长对收入增长的解释力下降了 22.5 个百分点。单纯从经济增长与税收收入相关性或者弹性的角度研究税收收入高速增长存在一个明显缺陷：出于税制设计及征管的原因，有一部分 GDP 并未纳入征税范围。一些学者沿着 GDP 与税基有差异的思路，对 GDP 进行结构分析，提出了可税 GDP 的概念，得出了可税 GDP 是税收高速增长主因的结论。樊丽明和张斌（2000）从 GDP 中分离出可税 GDP 与应税 GDP 的概念，他们认为宏观税收由可税 GDP 及其结构决定，可税 GDP 是指 GDP 中可用于征税的部分，应税 GDP 是可税 GDP 的一个子集，指税法中规定的可以征税的部分 GDP，应税 GDP 及其结构决定了最终的税收收入及其增速。常世旺（2005）、潘雷驰（2007）等从实证角度验证了这一观点。常世旺（2005）发现可税 GDP 与地方税收入的相关性系数达到了 0.99，对地方税收入增长的贡献率约 80%。潘雷驰（2007）通过计量分析发现，1978～2005 年我国可税 GDP 总量和实际税收、调整后实际税收的总量之间的相关系数在 0.96 以上。相比较 GDP 与税收收入之间的相关性，可税 GDP 对税收收入高速增长更具解释力，也更加贴合实际。

第二，解释税收收入高速增长的产业结构视角。前述研究主要从数量关系的角度论证了经济增长与税收收入之间的关系，对于二者之间的机制关系解释得不够，并且 GDP 及可税 GDP 都是总量概念，对税源因素的结构性分析不足。于是，一些学者从产业、资产性质等角度对税源结构进行分解，并对税源增长引起税收收入增长的机制做了详细阐述。吕冰洋和郭庆旺（2004）检验了产业结构与税收收入增长之间的关系，发现第三产业的兴起有利于税收增长，特别是有利于企业所得税的增长。虽然这也是一种数量分析，并且对哪种产业发展更有利于税收增长有着不同观点（唐登山和吴宏，2009；贾莎，2012），但这比 GDP 视角更加深入和微观，随着后续的进一步研究，从产业结构分解税源逐渐成为研究税收增长的主流之一。后来学者的研究不止停留在数量关系上，还详细解释了产业结构变迁引起的税收增长，如产业升级观等。产业结构视角的观点认为税收增长是产业升级的结果（贾莎，2012；仲颖佳等，2018），只不过在产业升级如何影响税收增长及影响结果上产生了分歧。如唐登山和吴宏（2009）发现以第三产业发展为着力点的产业结构调整虽然有利于增加税收收入总量，却降低了税收收入的增速。而孙正（2017a）却认为，产业结构升级对政府流转税收入增加有负向影响，对所得税收入增加有长期稳定的正向影响。仲颖佳等（2018）发现产业结构的高级化和合理化会通过税源结构影响到税收收入水平。当然，也有学者并不完全认同产业升级有利于税收增长的观点，如童锦治等（2013）认为长期以来我国税收收入的增长基本是依靠 GDP 增长来带动的，产业结构优化对税收收入的促进作用并未显现。李普亮（2016）则认为产业结构调整显著促进了税收收入总量增长，但却在一定程度上抑制了税收收入的增长速度。从税源的产业结构方面解释税收收入增长有两大优点：一是更加具体和微观，与实践更加贴切；二是能详细阐述作用机制。正是这两大优点让产业结构视角成为主流视角，虽然其内部存在不小的争议。

第三，其他视角。除了经济增长与产业结构视角外，一些学者还从其他角度讨论了经济因素对税收收入增长的影响。胡怡建和刘金东（2013）、刘金东和冯经纶（2014）将税收收入高速增长的主要原因归结于部门存量资产的快速增加，中国资本形成率和资产交易率高企造成存量资产的税收收入大量增加，使得税收超 GDP 增长成为必然。孙正（2017b）研究了货币政策与收入之间的关系发现，税收收入增长取决于货币政策，宽松的货币政策更有利于税收收入增长。杨得前（2014）利用人均 GDP、农村居民收入、城镇居民收入、对外贸易依存度、农林牧副渔业比重、城镇就业人口比重、转移支付比重等指标构建了"税源质量因子"，用预算外收入、非税收入占财政支出比重构建了"非税收入因子"，研究发现税源质量因子对税收收入规模的影响显著为正，非税收入因子对税收收入规模的影响显著为负。一些学者研究了贸易开放程度对税收收入的影响（Gupta，2007；Chaudhry 和 Munir，2010）。

总体而言，从经济决定税收的视角研究我国税收收入高速增长，表明税收收入的高速增长归根结底是税源快速增长的结果，具体而言是部分能够提供大量税收收入的部门快速增长拉动的结果。对于这类学者而言，经济与税收是一枚硬币的两面，税收收入的高速增长是经济快速增长的表征，但这种解释忽视了税收制度运行对税收收入的影响，即征管对税收收入的影响。政府如何影响税收收入主要表现在两方面：一是政府征税空间及能力；二是政府对于征税的态度。税源是税收的基础，但如何征税、以什么样的目的去征税则取决于税收征管部门。强调政府作用的学者正好弥补了这一研究的缺失。

（二）影响税收贡献的税收征管因素

与经济因素决定税收收入高速增长相反，一些学者更强调征管因素是影响税收收入高速增长的决定因素。研究征管因素的观点共分为两类：一类是直接研究征管因素对税收收入的影响；另一类是研究中国的政治经济体制是如何促进地方政府及税务部门积极培育税源和努力征税的。

税收征管直接影响税收收入增长。高培勇（2006）率先提出了征管因素推动中国税收收入高速增长的作用，他指出分税制改革设计之初，以"宽打"的税制架构，确保"窄用"的税收收入规模。正是这种"宽打窄用"的税制设计预留了较大的"征管空间"，推动了中国税收收入的高速增长。潘雷驰（2008）计算出基于税制及税收征管水平影响下的理论税收增长率，发现在经济总量一定的条件下税收征管水平的变动是税收收入增速变动的最主要原因。沿着税收征管视角，后来的研究侧重于对税收征管进行细分，研究不同因素导致的征管差异与税收收入增长之间的关系。如周黎安等（2012）利用实证分析发现征管努力对税收收入也有重要的贡献，并发现了地税局与国税局征管努力效率的差异。田彬彬和谷雨（2018）则发现税务机关独立性的提升显著促进了税收收入的增长，实施国税局长异地交流的地区税收收入增长更快。但是，征管视角面临的一个问题是，征管边际收益的下降无法解释税收收入的持续高速增长（李华，2011；方红生和张军，2013）。

而政府追求税收增长的不竭动力正是弥补税收征管边际效益下降的较合适因素。为了解释政府追求高税收的行为动机，学术界先后形成了中央征收集权说、税收分权说、"两只手"治理模式说等观点。这些观点又可以综合成两类观点：一类是将政府作为单独的整体，讨论激励政府追求税收收入高速增长的因素及机制，如方红生和张军（2013）的"两只手"治理模式（攫取之手、援助之手）观点；另一类则强调政府间的激励机制对推动政府积极征税的重要性（如吕冰洋和郭庆旺，2011；王剑锋，2008；庞伟和孙玉栋，2019），不同的是，王剑锋（2008）强调中央征收集权的作用，吕冰洋和郭庆旺（2011）认为税收分权契约性具有税收强激励作用，庞伟和孙玉栋（2019）强调增值税分享比例的重要性。

在税收收入增长领域，如何解释政府扮演的角色一直存在不小的争议，虽然离建立完整的体系和形成不同的流派还存在较大的差距，但上述研究基本涵盖了关于政府动机以及政府如何行动的解释，至少为客观认识政府的角色提供了切入点，丰富了关于税收收入高速增长的研究。

（三）其他观点

此外，还有学者从另一些角度研究了税收收入的影响因素。李子联等

（2017）认为，收入分配的不平等程度、累进制下不同税级之间税率的比值以及纳税档次门槛的设定是决定政府税收规模的重要因素。除此之外，还有国际援助（如 Benedek 等，2014）、腐败（如 Imam 和 Jacobs，2007）、社会制度（如 Bird 等，2004）等因素。这一类观点主要从某个特殊的角度阐述了影响税收收入的因素，虽然有一定的解释力，但这些因素在税收收入增长中起多大作用、能否持续还有待进一步说明。

（四）小结

关于税收收入增长的讨论，系统地阐述了影响我国税收收入高速增长的因素、因果机制等，为研究税收贡献提供了多种视角。但是总体而言，这些视角要么缺少结构分析色彩，要么虽然从结构角度分析税收收入，但是仍立足于简单的结构分析，没有从社会网络视角着手，分析不同税源结构之间的联系对税收收入的影响。简单的结构分析并不能全面反映不同税源在税收收入中的地位和作用，因而本书引入社会网络分析视角，从关系的角度分析制造业的税收贡献，以弥补简单结构分析的不足。

四、关于社会网络分析的文献综述

经过数十年的发展，社会网络分析已经成为社会学主流分析范式之一，并广泛应用于社会学、政治学、管理学、物理学、经济学、心理学等学科领域（弗里曼，2008；刘军，2009；斯科特，2007）。因社会网络分析在分析关系数据以及研究网络问题上颇具优势，该方法已被广泛用于研究各类经济问题，最经典的是关于求职问题的研究（如 Granovetter，1973，1995；Burt，1992；Lin 等，1981；赵延东，2002）。Granovetter（1973，1995）开创性地研究了社会关系在求职中的作用，突破了传统经济学理论在劳动供给与需求框架下研究就业问题的局限。另一个比较有影响力的研究领域是将社会网络引入宏观经济波动的研究（如 Acemoglu 等，2012；Carvalho，2014；Acemoglu 等，2015；Baqaee 和 Farhi，2019；叶初升和任兆柯，2019；刘世锦等，2020），这类研究突破了传统宏观经济研究关于行业同质性的假设，认为经济结构是不均匀的，占据不同网络位置的行业对宏观经济波动的影响有较大差异。此外，社会网络分析还被当作一种视角和工具用来分析产业结构（如杜华东和赵尚梅，2013；孙露等，2014；林春艳和孔凡超，2016；齐鹰飞和 Li Yuanfei，2020），但是这类研究并未像前两类研究一样在理论上有重大突破，只是进行了简单的结构分析，或者将网络位置作为一个变量用来研究对其他变量的影响。

在税收方面，对社会网络分析的应用较少且分散。主要包括最优税收路径（如 Van't Riet 和 Lejour，2015，2018；Hong，2018；Degl'Innocenti 和 Rablen，2020）、公司避税（如 Benedek 等，2014；Brown 和 Drake，2014；Alstadsaeter 等，2019；沈慧婷，2019）、税收流失（如李婷婷，2010）、税收竞争（如庄燕杰，2017）、企业税负（如王亚男和周泽将，2017；许培，2017）等方面。这类分析同产业结构研究相类似，也缺少理论上的突破，更多的是对于社会网络分析方法的应用。

国际贸易是当前社会网络分析应用较为成熟的经济领域（如 Serrano 等，2003；蒙英华和黄建忠，2008；刘庆林和綦建红，2004；Mahutga，2006；Fagiolo 等，2009；陈银飞，2011；张勤和李海勇，2012；张勤等，2013；蒙英华等，2015；杨汝岱和李艳，2016；马述忠等，2016；刘林青和谭畅，2016；毛海欧和刘海云，2019；洪俊杰和商辉，2019；苗翠芬等，2020）。这方面文献为了解社会网络分析的应用提供了一个很好的窗口，同时也为明确本书的研究主题、确定研究方法和研究思路提供了非常好的参考。接下来，笔者将梳理社会网络分析方法在国际贸易领域中的应用，以反映社会网络分析方法的相关特征，关于社会网络分析基本框架的介绍主要放在第二章。

（一）社会网络分析在国际贸易领域中的应用

经过系统梳理，本书发现社会网络分析在国际贸易领域的应用主要分为两类，这种分类基本上与社会网络分析在社会学等其他领域的分类相同。本书关于增值税税源结构的网络分析也隶属于这种分类。

第一类文献是基于社会网络相关理论（如社会资本理论），研究某种特殊类型的社会网络对国家间贸易的影响，这种影响被区分为国际贸易社会网络的净贸易创造效应和动态效应（刘庆林和綦建红，2004）。Rauch（1996，1999）发现民族关系和大家庭在差异化产品贸易中非常重要，因为差异化产品比同质性产品具有更高的贸易壁垒，而以民族关系、家庭关系为代表的社会网络能够减少产品搜寻成本。这一类最有代表性的研究是关于华人贸易网络的研究。Rauch 和

Trindade（2002）发现以华裔人口份额产品为代表的华人网络，增加了差异化产品的双边贸易，而非同质产品。蒙英华和黄建忠（2008）发现，分布在亚洲的华商网络对中国对外贸易发展所作出的贡献要远远大于信息通讯技术改善所作的贡献，并且这两者之间存在一种相互促进与相互抑制的交互作用。在这类研究中也存在对社会网络发挥不同作用的争论。蒙英华（2015）发现移民网络主要通过促进国内更多的企业从事出口发挥作用（扩展边际），对集约边际的影响并不显著；移民网络有助于提高中国企业的出口概率与出口强度。杨汝岱和李艳（2016）的研究给出了不同的观点，他们认为移民网络能够明显降低出口目的市场的不确定性，从而显著提高在位出口关系出口额的增长率（集约边界），提高新进入出口关系的存活率（扩展边界）。苗翠芬等（2020）从移民网络角度考察了影响离岸服务外包的因素，发现移民网络有助于降低监管政策差异带来的固定成本，同时提高怀旧交易的可能性，产生需求偏好机制。

第二类文献是将贸易网络本身作为研究对象，利用社会网络分析提供的统计概念和工具分析贸易网络的结构特征及变化趋势，在此基础上探讨一国在国际贸易中的网络位置和角色，验证网络位置与经济增长、对外贸易之间的关系等。Serrano 等（2003）利用社会网络分析研究国际贸易网络结构，发现该网络具有复杂网络的典型特性，即无标度分布、小世界特性、高聚类系数以及不同顶点之间的度关联。Mahutga（2006）利用社会网络分析方法研究国际贸易结构中不平等问题，并讨论了与全球化和新的国际分工有关的变化对世界经济结构不平等的影响。Fagiolo 等（2009）利用加权网络方法研究了世界各国进出口关系网络的统计特性，如连通性、分类性、集群性和中心性等重要的网络统计指标。除了关注静态的结构外，学者还关注网络结构的动态演变（Garlaschelli 和 Loffredo，2005）。利用社会网络分析研究国际贸易网络，突破了从贸易量、附加值贸易等角度研究国际贸易结构的局限，能够关注不同的结构特征（Serrano 等，2003）。随着社会网络分析方法在国际贸易领域的深入应用，关于国际贸易领域的网络模型构建、指标选取与构建、网络动力机制等方面的研究也逐渐增多，国际贸易领域的网络分析也越趋成熟，社会网络分析方法也成为研究国际贸易网络的主流方法。

受国外学者的影响，国内学者开始利用社会网络分析方法研究国际贸易结构以及中国在国际贸易网络中的地位和角色。陈银飞（2011）利用社会网络分析方法研究 2000～2009 年世界贸易格局及其在次贷危机前后的变化，发现世界贸易网络为负向匹配网络且存在"富人俱乐部"现象，大多数国家贸易伙伴多，但强度大的国家却很少，受次贷危机的影响，世界贸易关系的萎缩先于世界贸易量的萎缩。张勤和李海勇（2012）研究了加入 WTO 10 年来我国在国际贸易体系中角色和地位的变化，发现 2010 年我国的点出度、特征向量中心度与核心度都排名第一，但点入度、中间中心度和限制度落后于美国、德国等贸易强国，这表明我国在国际贸易网络中的地位不断提高、权力不断增强，但在国际贸易体系中的话语权和影响力尚需进一步提高。张勤等（2013）关于这方面的研究也得出了类似的结论。除结构分析之外，一些学者还探讨了网络位置与经济增长、分工等经济指标之间的关系。马述忠等（2016）实证检验了一国农产品贸易网络特征对其农业价值链分工地位的影响，发现网络中心性、网络联系强度和网络异质性对一国的全球农业价值链分工地位具有稳健、显著的促进作用。刘林青和谭畅（2016）证明了单个国家在国家空间中的位置特征与经济增长的倒"U"形曲线关系。洪俊杰和商辉（2019）发现一国比较优势的改善有利于提升其在国际贸易网络中的枢纽地位，但母国市场、技术进步、制度支持、人口结构等优势要素对其枢纽地位的影响作用要大于开放程度等传统优势要素。毛海欧和刘海云（2019）研究发现，制造业全球生产网络中心度的提高促进了国际分工地位的提升，结构洞位置改善也显著提升了国际分工地位，但中心位置与结构洞位置对分工地位有交互影响，高中心度、高限制度特征的网络位置不利于国际分工地位的提升。

（二）小结

通过系统梳理国际贸易领域的研究文献可知，社会网络分析方法在分析经济问题上具有非常广阔的应用前景，特别是分析各类经济关联方面的问题。遗憾的是社会网络分析在经济学其他领域的应用还十分有限，无论是宏观经济问题还是微观经济问题，在财政税收领域更是如此。造成这种现象的一个重要原因是难以构建相应的网络用于网络分析，一些研究主题很难获取关系型数据或者难以完整清晰地界定各类经济关联。但投入产出数据和增值税特殊的计税方式恰好为构建产业之间的税收关联提供了非常好的数据基础，使得本书能够尝试性地利用社会网络分析方法研究增值税税源结构，以及制造业在增值税网络中的位置。

第三节 研究思路及研究方法

一、研究思路

本书首先讨论了税收贡献的内涵以及研究主题，认为制造业的增值税税收贡献是指制造业在增值税税源结构中的地位和作用，以税收收入份额为切入点的结构分析并不能完整地描述制造业在税源结构中的地位和作用，研究制造业的增值税税收贡献需要重点关注制造业与其他行业之间的税收关联特征。行业间的税收关联是产生增值税税收收入的纽带，也是税负转嫁的渠道，一个行业在税源结构中拥有什么样的税收关联，决定了该行业的地位和影响力。因此，本书将税源结构的焦点放在税收关联上，将增值税税源结构看成一个由行业与销项—进项关联构成的税收网络，制造业的网络位置代表了制造业在税源结构中的重要性和影响力，从而关于制造业的税收贡献研究就转化为关于确定制造业网络位置的研究。随后本书介绍了社会网络分析方法的基本框架，并从宏观、中观、微观三个层次对增值税税源结构进行了分析，以确定制造业在税源结构中的位置。其中，宏观层次分析的是增值税税收网络的整体特征，包括网络规模、税收关联数量、密度、互惠性、均衡性等；中观层次分析的是网络中的税收集群和结构对等等次级结构，以找出网络中跟制造业关联紧密或有相似关联特征的行业。这两个层次的分析详细描述了制造业所嵌入的网络环境，界定了制造业在税源结构中发挥影响力的边界。真正判定制造业在网络中的位置需要具体的微观分析，即分析制造业的中心性特征和结构洞特征，中心性分析是考察制造业在网络中的影响力和中介作用，结构洞分析则是考察制造业利用网络位置转嫁税负的能力。在确定制造业在整个增值税税收网络中的位置之后，为了进一步研究制造业的税收关联特征，本书继续将制造业本身作为一个网络，研究制造业内部的增值税税收网络结构特征，确定制造业内部的中心行业，正是这些行业塑造和影响着制造业与其他行业间的税收关联。

二、研究方法

本书采用文献研究法、比较研究法、实证研究法等开展研究。一是文献研究法。关于文献研究法的应用贯穿整个研究的始终，将社会网络分析方法引入税收贡献领域，需要阅读、整理、记录大量社会网络分析的文献，以判断增值税税源结构是否为一个可分析的社会网络，在此基础上将社会网络分析语言转换成税收语言，以描述增值税税源结构的网络特征。二是比较研究法。比较研究法的应用体现在两个方面：一方面是关于税收收入视角和网络分析视角的比较，从逻辑起点、研究对象、方法论等方面比较两种视角的差异，从而确定社会网络视角更适合分析增值税税源结构；另一方面是关于两种视角分析结果的比较，比较用税收收入指标衡量的制造业税收地位与用网络位置衡量的制造业税收地位有何差异，这有助于全面了解制造业在增值税税源结构中的地位和作用。三是实证研究法。这是本书最主要的分析方法，社会网络分析既是一种分析视角，也是一种实证研究方法。它为研究制造业网络位置提供了一系列概念，并提供了处理关系数据的工具，最终将制造业的网络位置通过可视化图形或者矩阵数据体现出来。因为不涉及影响机制分析，所以本书应用的社会网络分析法更多的是描述性分析，并未涉及相关性分析和假设验证部分。

三、研究内容

本书共分为六章。第一章导论。确定本书的主题——通过判定制造业在税源结构中的地位，来研究制造业的增值税税收贡献。与传统的税收收入视角不同，本书采用了社会网络分析方法解析增值税税源结构，用网络位置指代制造业的增值税税收贡献。确定了研究主题和分析视角之后，本章梳理了关于税收贡献、税收收入、社会网络等领域的研究文献，与其他研究视角相比，社会网络视角的贡献是关注关系在结构中的重要性，并利用关系特征来划分不同行业的税收地位和作用。随后，本章介绍了全书的研究思路、研究方法、研究内容、创新点和不足之处。相较于其他研究，本书做了一个新的探索，将社会网络分析引入增值税税源结构的分析中，这种探索带来了新的突破，但也造成了新方法在应用上的难题，使本书大部分内容只能对税源结构进行描述性分析，显得不够深刻。

第二章社会网络分析基本框架。本章从基本内涵、数据类型、分析工具、核心概念、模型等方面系统介绍了社会网络分析的基本框架。与相对主流的社会科学研究对象属性变量不同，社会网络分析对象是关系变量，并利用矩阵和图论处理关系数据。社会网络分析为描述网络不同层次结构特征提供了一系列概念工具，包括描述整体特征的规模、密度、互惠性、传递性、连通性，分析次级结构的小团体、成分、结构对等、相似性对等、规则对等，描述个体网的结构洞，以及最为核心的关于网络权力的分析等。这些概念包括点度中心性、接近中心和中介中心性。此外，本章介绍了网络分析的三个层次：宏观层次、中观层次、微观层次，关于税源结构的实证分析就是从这三个层次依次展开的。

第三章构建增值税税收网络。本章首先探讨了产业之间的投入产出关系和投入产出网络；其次在此基础上根据增值税的税收理论和计税方式，将产业间的投入产出关系转化成销项—进项关系；最后构建了一个增值税税收网络。作为本书的核心概念，税收关联与税收收入关联存在一定的区别，它是指产业间在生产环节产生的直接销项税额关联和进项税额关联。销项税额关联是指本行业的产品服务销售给其他行业时，与其他行业产生的税收联系，这种关联在网络中连线的箭头指向其他行业；进项税额关联是指本行业从其他行业购进产品服务时，与其他行业产生的税收联系，网络中连线的箭头指向本行业。产业间税收收入关联涵盖的内涵更广，它是指每个行业全部税收收入与其他行业全部税收收入之间的关系，销项—进项关联只是税收收入关系的一部分，但基本上能够反映产业间的税收收入联系。

第四章制造业的网络位置。本章从宏观层次、中观层次、微观层次三个方面分析了整个增值税税源结构特征以及制造业的网络位置，发现制造业一直是税收网络的权力中心，点度中心性、接近中心性以及中介中心性三个权力指标遥遥领先其他行业，但是反映制造业税收影响力的点出度呈现下降趋势，反映制造业中介作用的中介中心性却在不断上升。

第五章制造业内部税收关联结构测量。笔者研究发现，化学品、金属冶炼、石油等上游行业在制造业网络中影响能力较强，电气机械、金属制品、交通运输等下游行业则具有较强的税收拉动能力，化学品、通用设备、电子设备等行业的税收桥梁作用一直稳居前列。

第六章研究结论及政策建议。

第四节 创新点及不足之处

一、创新点

关于税收贡献和税源结构的传统研究，主要采用税收收入份额作为指标衡量不同税源组成部分的地位和作用，这种方法虽然反映了每类税源提供的税收收入情况，但是割裂了不同税源之间的关系，忽略了税源之间的关联对不同税源税收贡献的影响，这对于判断不同税源的地位和作用会产生系统性偏差。本书为了弥补这种局限性，从更加立体的角度判断了制造业的税收地位和角色，引入社会网络视角分析制造业增值税的税收贡献，强调税源结构中产业之间的相互关联决定了制造业的增值税税收地位。

笔者引入的新分析视角与以往研究存在两大不同：一是基本方法论不同，社会网络分析方法源于社会学，强调行动者之间的关系在分析行动者行为及其角色中的重要性，这决定了其分析对象是个体之间的关系以及由这种关系构成的社会网络结构。二是与其他经济分析中利用的属性数据不同，社会网络分析的对象是关系型数据，二者在数据处理原理和技术上有着本质区别。因为承认个体间的相关性，传统计量经济学依赖的变量间不相关的基本假设便失去了根基。方法论及分析数据上的差异意味着社会网络分析采用的测量指标与以往研究有着很大不同。

社会网络分析方法比投入产出分析方法更适合结构分析。在以增值税为主题的研究中，投入产出分析方法被广泛用于测量增值税税负（如 Minh 和 Le，2007；姜明耀，2011；胡怡建和李天祥，2011），衡量"营改增"政策效应（如范子英和彭飞，2017）等。投入产出分析在量化一个行业产出波动对其他行业乃至整体经济的影响效果方面具有明显优势，这种方法在宏观经济和产业经济等领域有着广泛的应用，但是用于结构分析还有所欠缺（如 Serrano 等，2003；杜华东和赵尚梅，2013；马述忠等，2016；许和连等，2018）。行业之间因相互关联形成了复杂的网络，投入产出分析只能分析网络中的产业关联结果这一单一维度，难以分析中心性、结构洞、密度、聚类等网络结构特征，而这些指标正是衡量网络特征及个体网络位置的重要标准。

二、不足之处

虽然社会网络分析方法在分析产业结构、经济波动、国家贸易、求职、企业创新等方面有较为成熟的经验，但是用于分析税收关联还是第一次，用一种新的分析方法研究一个学术界并不是非常关注的问题，过程中存在诸多困难和挑战。虽然一些问题得到了解决，但本书还存在以下三点不足：一是关于增值税税源结构的分析主要停留在描述性分析层次上，未在系统理论的支撑下进一步研究增值税网络的形成和演进过程，研究的深度不够。而往往税收网络的变迁及其影响机制，以及个体与网络的互动又是社会网络分析中最核心的领域，囿于方法、数据等，笔者没有沿着这一方向继续深挖下去，实为一大遗憾。二是在一些指标测算上，由于大部分社会网络概念只能处理二值数据，所以选取合适的阈值将原有的加权网络处理成二值数据网络成为本书的关键，笔者虽然借鉴以往研究构建了不同类型的网络，但是依然未找到最合适的网络构建方法。希望以后网络分析技术能够快速发展，帮助所有的指标都可以通过直接处理加权网络得到。三是在网络分析语言与税收语言的结合上还需进一步优化，如权力、互惠性、传递性等社会学用语经过编译，套用在税收问题上显得有些生硬，这种缺陷也是因为部分社会网络理论难以直接应用于介绍税收学领域，从而造成了语言转换的困难。如何将社会网络相关理论及方法深入应用于财政学、税收学领域将是笔者今后研究的重点方向。

第二章　社会网络分析基本框架

本章将系统介绍社会网络分析的基本框架，包括基本内涵、分析对象、分析工具、测量指标以及指标的选取等，并进一步探讨网络分析的三个层次以及相应指标的税收含义。笔者将利用本章介绍的规模、密度、互惠性、网络集群、中心性等测量指标对增值税税源结构进行网络分析，进而研判制造业在增值税税源结构中的地位和作用，以及制造业内部税源结构特征。

第一节　基本内涵

一、概念界定

社会网络是由相互关联的个体（行动者）及其之间的关系共同构成的集合。用图论语言表示的社会网络就是点与线的集合，点代表个体，线代表个体之间的关系，从而一个点与线构成的图就是一个社会网络模型（沃瑟曼和福斯特，2012）。其中，个体既包括微观意义上的个人、家庭、企业、政府，中观意义上的行业、社会组织，又包括宏观意义上的国家、地区等。将个体联系在一起的关系的内涵也相当广泛，包括血缘、友谊、评价、行为互动、信息传输、资源交换、自然连接等。在社会网络中，个体之间因关联而产生的关系处于核心地位，它通过提供机遇或者限制影响个体行为[①]，构建和塑造着整个社会网络。从社会

---

① 在社会网络分析中，个体行为是广义上的行为，既包括个体的行动、互动，也包括行为的结果。

网络角度来看，关系中存在的一般模式被称为结构（沃瑟曼和福斯特，2012）。

　　与社会网络拥有相对统一的概念不同，学者从不同角度界定了社会网络分析的内涵，这种差异恰好描述了社会网络分析的特点。沃瑟曼和福斯特（2012）与斯科特（2007）都认为社会网络分析就是对关系的研究。沃瑟曼和福斯特（2012）强调社会网络分析对象是社会实体之间的关系。斯科特（2007）的界定则更加具体，认为只要是关于关系数据的分析就是社会网络分析。二者相比，沃瑟曼和福斯特强调的研究对象范畴更广，但从社会网络分析现状及其特征来看，斯科特的定义则更加切合实际。弗里曼（2008）给出的定义则直接说明了社会网络分析的特征，认为社会网络分析是一种结构分析方法，研究对象是社会行动者之间的互动。斯科特（2007）认为，与其他研究方法相比，社会网络分析有四个特点：第一，社会网络分析源自联系社会行动者的关系基础上的结构性思想；第二，它以系统的经验数据为基础；第三，非常重视关系图形的绘制；第四，依赖数学或计算模型的应用。斯科特与前述学者最大的不同在于对研究对象的界定，他认为社会网络分析的对象是互动，而不是互动的结果或者渠道——关系。概念界定的差异会导致研究视角、研究方法、研究框架等方面的不同，但本书从自身研究主题出发，并未过多考虑这种差异，而是将社会网络分析界定为"关于关系数据的结构分析"。

二、社会网络分析的对象——关系数据

　　单从实证分析角度来看，社会网络分析处理的对象是反映个体间关系特征的关系数据，这类数据与常见的社会科学研究所使用的数据类型有较大差异。根据斯科特（2007）的区分，社会科学数据包括关系数据、属性数据、观念数据三类。关系数据记载的是个体（群体）之间的关联特征[①]。属性数据描述的是变量的基本特征，如性别、数量、规模等。属性数据分为定性数据和定量数据两类，是较为常见的社会科学研究数据，对于属性数据的分析适用于常规的变量分析，常规变量分析的基本假设是变量之间相互独立，从而可以通过统计分析得出因变

---

　　① 斯科特（2007）定义关系数据为"关于接触、联络、关联、群体依附和聚会等方面的特征"，其核心内涵为个体或者群体之间相互关联的特征。

量与自变量之间的数量关系特征。而社会网络分析并没有这种假设，关系数据记录的正是个体之间的关联特征，与变量分析研究对象为个体特征不同，社会网络分析的对象并不是个体特征而是个体之间的关系及其形成的网络特征，这种数据相关的特征决定了它与属性变量在运用统计学上存在根本差异。观念数据被讨论得较少，它描述的是意义、动机、定义等特征，常用于心理学、犯罪学等领域，这类数据适用于类型分析。

数据类型的不同决定了不同的数据分析法在收集①、整理、呈现及技术处理上存在较大差异。② 与属性数据类似，关系数据也是以行列的形式存储在表格（矩阵）中，默认表格的行用来表示个体，这种形式上的统一方便在收集属性数据的同时也能收集关系数据。③ 但存储关系数据的表格中的列与属性数据中的列含义明显不同，属性数据表格中的列表示个体的性质、特征等（见表2-1），而关系数据的列则记载着个体所隶属的事项、群体等，直接用于网络分析的矩阵的行与列均表示相同的个体或隶属事项（见表2-2）。社会网络分析技术处理的矩阵被称为邻接矩阵，表2-2所代表的个体—个体矩阵就是一种邻接矩阵，另一种是行与列都表示事项信息的隶属—隶属矩阵。在社会网络分析中，主要依靠个体—个体矩阵记载和呈现社会网络，但是隶属—隶属矩阵也能提供另一种观察社会结构特征的视角，这些特征往往很难从个体—个体矩阵中观察到。

表2-1　属性数据矩阵

		属性		
		性别	学历	收入
个体	1	男	本科	5000
	2	女	硕士	7000
	3	男	博士	9000

表2-2　关系数据矩阵(二值无向关系)

		个体		
		1	2	3
个体	1	0	1	1
	2	1	0	0
	3	1	0	0

---

① 斯科特（2007）认为这三类数据可以一起收集，但汉尼曼和里德尔（2019）认为关系数据在数据收集方面存在较大的差异。对于本书的研究而言，这种争论并不会产生实质影响。

② 关系数据与属性虽有很大差异，但也有一些共同点，比如，都需要考虑测量尺度问题。属性数据的测量尺度有定比、定序、定距等，关系数据则区分为有无、多值等。

③ 属性数据也能成为导致个体之间产生关系的隶属事项，如性别等。但如何界定关系、判断个体间有无关系以及关系的强弱、关系的价值等则需要一定的理论依据或经验支持。

与其他类型的数据相同，关系数据也存在不同的测量尺度。这会影响关系数据的收集、呈现和处理，不同测量层次下的关系数据记录、呈现和处理方式存在明显的差异。个体之间的关系主要表现为"方向性"和"多值"两个维度，根据这两个维度关系可以分为四种类型（见图2-1），其中，无向二值关系最简单，有向多值关系最复杂。在邻接矩阵中，无向关系不区分关系的接收者与发出者，如血缘关系中两个人的关系是对等的，不存在i是j的血缘关系，或i不是j的血缘关系这一现象。无向关系呈现出的是一个对称矩阵，即a(i, j)＝a(j, i)。有向关系则表明关系是非对称的，如i被认为是j的朋友，但i认为j不是他的朋友，即a(i, j)≠a(j, i)，a(i, j)表示个体i指向个体j的关系，a(j, i)表示个体j指向个体i的关系，即处在行位置上的个体为关系的发送者。除了关系的方向性维度之外，还需要考虑关系强度的测量问题，即关系的二值与多值。[①] 在矩阵中，二值关系用1和0表示关系有无，即a(i, j)＝1表示i, j存在关系，a(i, j)＝0表示i, j不存在关系。多值关系则不仅表示关系有无，更表示关系本身存在强弱之分。对关系强弱的量化，可采用定比、定序等方式表示，一些关系如贸易关系、投入产出关系等也可用实际测量值区分关系强弱，其他一些定性关系选择哪个标准来区分关系强弱则需要借鉴一定的理论基础或经验判断。从方向性与多值两个维度可知关系共有四个维度：二值无向关系（见表2-2）、二值有向关系（见表2-3）、多值无向关系（见表2-4）、多值有向关系（见表2-5）。

方向性

		无方向	有方向
多值	二值	1	3
	多值	2	4

图2-1 关系数据的集中测量尺度

---

① 在二值与多值关系之间还有一种符号数据，也被认为是关系数据［斯科特（2007）、汉尼曼和里德尔（2019）］。

表 2-3　二值有向关系矩阵

		个体		
		1	2	3
个体	1	0	1	0
	2	1	0	0
	3	1	0	0

表 2-4　多值无向关系矩阵

		个体		
		1	2	3
个体	1	0	2	1
	2	2	0	3
	3	1	3	0

表 2-5　多值有向关系矩阵

		个体		
		1	2	3
个体	1	0	1	1
	2	3	0	1
	3	2	0	0

三、社会网络分析的两大表述工具——矩阵与图论

正如斯科特（2007）所述，社会网络分析就是关于关系数据的分析，即依靠矩阵和图论对关系数据进行记录、整理、呈现和分析。矩阵和图论是社会网络分析的两大工具。

矩阵的主要功能在于记录和计算关系数据，在介绍关系数据时，笔者已经使用了矩阵这一工具。此外，通过矩阵代数运算（矩阵重排、加减、乘、转置、求逆等），可以得出重要的网络结构特征等网络分析结论。下面简单介绍几种矩阵数学运算的网络分析含义。对有向二值图中行和列的加总所得到的点出度和点入度是测量一个点局部中心度的重要指标，它反映了一个点在邻域中的重要性和影响力。[①] 将矩阵分割成几个区块可以得出不同的连接模式。通过矩阵的转置行列间实现转换，观察转置后的矩阵，可以了解个体间的关系是否具有对称性，即 a（i, j）是否等于 a（j, i），在社会学中指代关系的互惠性，用来衡量网络的均

---

① 点出度、点入度、邻域等概念会在图论一节中详细介绍。

衡程度。相同矩阵间的加减，通常是为了简化或降低数据的复杂性。在计算网络中心性指标时，需要测量不同点到其他点的途径，以此衡量点在网络中的位置，此时需要用到矩阵的乘法，其中，矩阵平方计算的个体间两步长的途径数量，矩阵立方表示三步长的途径数量（汉尼曼和里德尔，2019）。

图论是另一种呈现并分析社会网络及其结构特征的数学工具。一方面，图论通过点和线将矩阵中的关系数据转化成可视化的社群图（一般将描述社会网络的图称为社群图），能够更加直观地观察社会网络性质及特征；另一方面，图论为网络分析提供了完整的概念体系和框架，用于阐述和分析社会网络中的关系及关系模式，图论是许多社会网络分析的切入点（斯科特，2007）。

画图是利用图论研究社会网络的第一步。在社群图中，用 $N = \{n_1, n_2, \cdots, n_g\}$ 表示研究的个体集合，$L = \{l_1, l_2, \cdots, l_L\}$ 表示个体之间的关系集合，$G (N, L)$ 表示由点线集合构成的社会网络。社群图中的点对应着邻接矩阵中的行与列，点之间是否存在连线根据矩阵格值是否为 0 判断，线是否具有方向则根据矩阵是否对称判断，通过将邻接矩阵中的数值转化成点之间的连线，就能将矩阵中的关系数据画出一个社群图。与普通图形不同，社群图中点的位置、线的长短粗细除了影响图的美观之外并没有特殊的网络分析含义，[①] 一些形状完全不同的图也能表达相同的网络特征，关系的类型决定了线的类型，进而决定了社群图所代表的网络特征。据前文所述，个体之间关系存在有无方向、是否多值之分，则线相应存在有向线、无向线、二值线、多值线等类型。[②] 由无向线构成的图称为无向图，有向线构成的图称为有向图，在有向图中关系用带箭头的线表示，箭头指向代表关系的指向。根据关系强弱可赋予每条线一定的数值，具有数值的关系被称为多值关系，由多值关系构成的图被称为多值图，多值关系可以用线条粗线表示，也可以用数字表示。根据四种关系维度，社群图也相应有无向二值图、有向二值图、无向多值图、有向多值图四种，图 2-2 展示了几种简单的社群图类型。

---

① 前提是图中的线要统一，如统一用粗线或细线画图，统一用粗线或细线画图并不改变图的意义。如果一个图中点线的类型不统一则表明关系的不同，如线的粗细可以表示关系的强弱，粗线条表示关系较强，细线条表示关系较弱。

② 还包括一种表述符号数据的线。

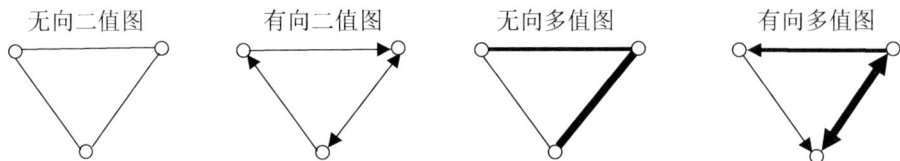

图 2-2　不同的社群图类型

　　除了表示社会关系外，图论对于社会网络分析的重要性还在于提供了一系列概念，用于阐述和测量个体之间的关系模式，以分析网络的结构、演化等。本章接下来将介绍社会网络基于图论构造的一系列测量网络结构特征的概念模型。虽然图论不是唯一用于社会网络分析的数学理论，但本书所涉及的概念和模型都是以图论为基础的。

第二节　网络整体结构特征的测量

一、网络的规模与密度

　　规模与密度是衡量网络整体特征的两个常见指标。规模是指图中节点的数量（用 g 表示），用来衡量网络的大小。规模决定了图中关系数量的上限，一个规模大的网络相较于一个规模小的网络，在理论上可能拥有更多的关系。密度用来衡量图中各点之间关联的紧密程度，密度越高说明各点关联越紧密，信息与资源的传递就越快，各点面临的限制和机会也就越多。图的密度取决于图的内含度和各点度数的总和，其中，内含度衡量的是图中相互关联的点占所有点（减去孤立点后的点）的比例，孤立点越少或者各点度数越高的图，其密度越高。密度的测量需要借助图中的节点数和实际存在的线数，具体为实际拥有的线数与图中最大可能拥有的线数之比（斯科特，2007）。[①] 在无向图中，实际包含的线数等于点的

---

　　① 对于一个完备的图而言，每个点都与其他点直接相连，不存在孤立点。斯科特（2007）认为测量图的密度就是测量一个图在多大程度上具有这种完备性。还有一种观点认为二值图的密度是实际线数与理论上拥有的最大线数之比。

总度数的一半，一个包含 n 个点的图中理论上最大的度数是 g（g-1），从而理论上最大的线数是 g（g-1）/2，所以有 L 条线的图的密度 $\Delta = 2L/n（n-1）$。在有向图中，由于关系的非对称性，实际包含的线数等于点的度数总和，从而其密度 $\Delta = L/n（n-1）$。对于多值图而言，密度的测量并未形成共识，主要原因在于分母的最大值如何确定上（斯科特，2007）。沃瑟曼和福斯特（2012）给出了一个多值图的密度公式 $\Delta = \sum V_k/g（g-1）$，$\sum V_k$ 是指对所有线的值求和，与前述密度定义稍有不同的是，该公式以最大可能的线数做分母，而不是最大值。由此得到的密度定义是指网络中各个关系的平均强度。

二、网络的整体关联模式

图的规模和密度反映了网络的总体关联特征，但对网络中节点之间的关联模式刻画还不够细致。一些规模和密度相同的网络，也会因为节点之间关联模式的不同而呈现出不同的关联特征。社会网络分析借鉴图论中的一些概念，如可达性与关联性、距离、互惠性、聚类等，用来描述节点之间的关联模式。

（一）可达性与关联性

可达性测量的是节点之间是否能够相连。在网络中，两个节点之间不论是直接相连还是通过其他若干个节点间接相连，只要能连接上就被认为是可达的。关联性测量的是两个节点之间关联的紧密程度，这取决于两点之间有多少连接途径，如果 A 点可以通过多个点连接上 B 点，则称 A 点与 B 点具有高度关联性。关联性反映了点之间关系的稳固性。测量关联性需要借助点数，即如果切断 A 点与 B 点之间的连接，需要从中间拿掉多少个点。

（二）距离

节点 n_i 与节点 n_j 之间除直接相连之外，还能通过其他节点 n_k 实现间接相连，间接连接既能增加点之间的关联性，也能让一些不直接相连的点实现连接，一个完整的关系网络就是由直接和间接关联的点通过一系列线相连而成。在网络中，将两个不相邻的点连接起来的一系列线被称为"线路"，如图 2-3（a）所示，n_1 点到 n_5 点的线路有 $n_1-n_2-n_3-n_4-n_5$、$n_1-n_2-n_4-n_5$、$n_1-n_2-n_5$、$n_1-n_2-n_3-n_2-n_5$ 等。如果线路中的点和线都不重复，则称之为"途径"，因此，$n_1-n_2-n_3-n_4-n_5$ 是一个途径，而 $n_1-n_2-n_3-n_2-n_5$ 只是一个线路不是途径，因为两次经过了 n_2 点。

图中 n_1 点到 n_5 点的途径有三个，即 $n_1-n_2-n_3-n_4-n_5$、$n_1-n_2-n_4-n_5$、$n_1-n_2-n_5$。途径的长度用构成该途径的线的数量来测量。连接两点之间距离最短的途径被称为两点之间的距离 d (i, j)，图 2-3（a）中最短的途径为 $n_1-n_2-n_5$，从而 n_1 点到 n_5 点的距离是 2。在有向图中［见 2-3 图（b）］，途径与距离的定义更加严格，必须要考虑到关系的方向，途径是指线的箭头指向相同的一系列线，距离要借助考虑方向后的途径来测量。在图 2-3（b）中，n_1 点到 n_5 点的途径只有 $n_1-n_2-n_4-n_5$、$n_1-n_2-n_5$，由于 n_3 点不指向 n_4 点，所以 n_1 无法通过 n_3 点连接 n_5，n_1 点到 n_5 点的最短途径为 $n_1-n_2-n_5$，所以 n_1 点到 n_5 点的距离为 2。

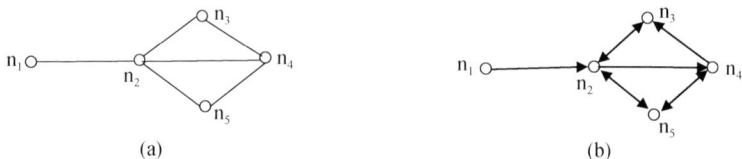

(a) (b)

图 2-3　线路与距离

如果两点之间不能连通，则称两点不可达，其距离为无穷大。对于多值数据而言，一般是转化成二值数据测量。但在多值网中，仍有三种测量点之间距离的方法。其中一种是测量关系强度，将两点之间的距离定义为最弱路径的强度。如 n_1 点与 n_2 点之间的贸易量为 7，n_2 点与 n_3 点之间的贸易量为 3，假如 $n_1-n_2-n_3$ 为最短路径，则 n_1、n_3 的路径强度就是 3。此外，还可以从交易成本、关系概率角度测量两点之间的距离。

测量点之间的距离是为了测量两点之间的连接效率，两点之间距离越短说明两点的连接借助的点越少或者不需要借助其他点，资源、信息在两点之间的传输更便捷，一个节点的变动也能够快速对另一个节点形成冲击。但是，在考虑个体间距离及整体网络距离时，还需要考虑两者之间存在的所有关联，而不是仅考虑两点之间的距离（最有效的途径），因为信息、资源在网络中的传播并不是只通过一个路径传递的，往往通过多个路径进行传递，多路径的存在可能会增加或削弱消息、资源的价值，也会削弱或增强点之间的影响，从而两点之间存在多种连接路径也代表了二者关系的牢固性。假设一个图中有 n_1、n_2、n_3 三点，如果 n_1 点

只能通过 n_2 点到达 n_3 点，且 n_2 点有多个点能连接到 n_3，则说明 n_1 点的关联度比较弱；如果 n_1 点拥有多条途径可以经过 n_3 点（如还存在 n_4、n_5、n_6 三个点），则 n_2 点对 n_1 点的重要性就大大降低，n_1 点与 n_3 点之间关系更加稳定，n_1 点对 n_3 点的影响也越大。由此可知，点之间的相互影响及连接强度，不仅取决于点之间的距离，也取决于中间有多少路径将两点关联在一起，中介点对点之间关联的影响将在中介中心性一节中予以讨论。

（三）互惠性

互惠性主要考察的是关系的对称性，一个互惠性越高的网络，整个网络的权力分布越均衡、层级越平等、个体的网络地位相差越小。互惠性的测量也比较简单，一般来讲有三种思路：一是用存在连接的关系对除以图中实际上存在连接的关系对；二是用存在双向关系的线除以图中理论上存在的线；三是利用存在的互惠关系数除以实际存在的关系数。互惠性也被用于测量图的等级度，互惠性越高的网络，各点之间比较平均，图的等级度较低，图的凝聚力较强。互惠性越低的网络，图中一般存在支配的中心点，如果大部分点处在被支配的地位，那么网络破裂的张力也就越大。

（四）聚类

在现实社会网络中，通常存在一种悖论式的结构，一方面任何个体之间的平均捷径距离很短，从而任何一种社会网络都具有小世界网络特征，世界上任何两个人都可以通过六个人实现连接（Watts，1999）；另一方面，个体之间的大部分连接都集中在局部邻域中，呈现一种聚类状态，即邻域中的大部分个体间都是相互连接的。计算一个图的聚类程度需要借助个体邻域的密度。计算每一个个体邻域的密度（不包括个体本身），即计算邻域中其他个体之间的连接情况。在计算完每个个体邻域密度后，可借用所有邻域的平均密度测量整体网络的聚类情况。

第三节　网络次级结构的测量

考察完网络的整体结构特征之后，接下来需要研究测量网络中的聚类问题。社会网络分析从两个角度考察网络中的聚类：一是节点之间因关联紧密而形成的聚类，本书称之为集群；二是节点之间因关联模式相同或相似而形成的聚类，本书只考察其中的结构对等模式。这两种聚类模式最大的区别在于，集群要求各节点是相互连接或能够连接上的，结构对等则没有这一要求。

一、网络中的集群

网络由个体之间直接或间接连接而形成，但是网络的结构很少是均匀分布的，一些个体因与其他个体连接紧密而形成了一个区域性的群体（集群），另一些个体可能由于与其他个体连接稀疏而相对孤立，这些群体或孤点便构成了一种类别的次级结构。这些次级结构之间可能是相互重叠，彼此间共享一些成员；也可能是相互分裂，彼此间没有联系或者通过个别个体连接。对网络次级结构的关注，能够了解到一些不同于网络整体特征的关联特征，这些特征对于研究信息传播、资源传输、个体行为以及网络演化有着重要意义。识别、测量这些次级结构一般有两种路径：自下而上和自上而下。

（一）自下而上的路径：小团体

复杂的社会网络都是由个体两两连接而成，随着两两连接向外扩展，逐渐形成了规模大一些的次级结构，从而可以根据这种直接连接的演化特征观察次级群体的形成。对连接关系要求最严格的是小团体，它要求群体中的所有个体之间都是直接连接的，在小团体这类群体中个体之间的联系最紧密。根据这种定义，在网络中只要是彼此相互连接的个体便同属于一个小团体。但是，这种关于群员之间彼此相连的要求过于严格，在一些大型网络中会严重限制小团体的规模。为了扩大小团体的成员规模，一种处理方法是将直接连接的条件放宽为距离大于1，一般将距离为2的个体也算作同属于一个小团体，这就是所谓的N-团法。另一种放宽条件的方法是K-丛法，即只要某个体与小团体中N-K个个体有连接，就认定该个体属于这个团体。相对于N-团法更注重个体之间的连接或可达性，K-丛法则聚焦于不同团体之间成员的重叠和共享，这样更能突出网络的中心势。还有一种是K-核法，其更宽松，该方法只要求个体与小团体中K个成员有连接，便认定它属于这个团体。这种放宽条件的方法，能将更多的个体纳入同一个群体。

（二）自上而下的路径：成分、区块、桥接

从个体间的连接能够观察到网络是如何形成的，但是这种微观的视角容易忽视个体构成网络的局限，对整体网络结构中的结构洞、弱节点关注不够。自上而下的视角则从这些导致群体分裂的点着手，区分不同的次级结构。

从宏观角度来看，成分是最理想的次级结构。在一个成分中，内部个体彼此相互连接（这种连接不再区分距离），但与成分之外的点没有连接。根据成分的定义，图中的孤立点也是一个成分，图中只有孤立点和相互连接的群体两种成分。这种苛刻的定义导致寻找的次级群体相互割裂，不符合一些群体特征研究的需要。一种放宽条件的思路是寻找次级结构的连接点，即如果去掉这个点，那么网络就会分裂成两个相互独立的次级结构。如果存在这个点，那么就称这个点为切割点，称次级结构为区块。切割点也被称为关键点，它是连接区块之间的唯一桥梁。另一种放宽条件的方法是寻找能将结构分割的关系。在二值网络中，寻找关键的连接实质上等同于寻找关键点。在多值网络中，可以对连接进行强度排序，强度最高的连接被认定为最脆弱的连接，一旦失去这个连接将导致整个网络分崩离析。

二、网络位置与社会角色

前文中的小团体和成分关注的是网络的一种次级结构，在这类次级结构中个体之间是紧密关联的。但网络中还存在另外一种次级结构，它并不要求位于其中的个体相互关联，而是通过一定的规则将网络中不同的个体归为同一类，这种由归类所形成的次级结构在社会网络中被称为位置（地位）。属于同一位置的个体被认为是对等的。处于同一位置的个体因具有相同或相似的关联模式而形成聚类，这使得相同位置上的个体在机会、限制、行为等方面具有相似的特征。通过划分网络位置，不仅为我们提供了一种观察网络次级结构的新视角，也为利用块模型研究群体之间的关系奠定了基础。

（一）三种对等模式

一般认为个体之间具有三种对等模式：结构对等、自同构对等、规则对等。两个结构对等的点彼此间的邻域是重合的，即它们与其他点的关系完全相同。自同构对等是指一组个体镶嵌在相同的连接模式中。如果两点是自同构对等，则这

两点可以被归为同一类别，该类别中所有的点与其他群体之间的点距离都相等。规则对等的点是指个体在网络中扮演着相同的角色，属于规则对等的点与其他群体之间的关系是相同的，位于其他群体中的点也是规则对等的。例如，所有的父亲都是规则上对等的，因为他们同时跟儿子都是父子关系，跟妻子是夫妻关系。这表明规则对等的点拥有相同的关系模式，这种关系模式赋予了这些点相同的权利、义务和行为规范。

在这三种对等模式中，结构对等是要求最严格的对等模式，自同构对等、规则对等都放宽了对等的条件，规则对等是要求最宽松的对等模式，自同构对等次之。随着对等条件的放宽，越来越多不属于同一类的个体被归为同一类，群体的数量随之下降。本书研究主要涉及的是结构对等，通过结构对等规则将网络中不同个体归类，并在此基础上进一步探讨如何利用块模型研究类别之间的关系。

（二）结构对等的测量

结构对等是指两个个体与他人之间的关系完全相同[1]，即结构对等的个体拥有完全重叠的邻域，这表明两个结构对等的点在关系的连接上可以相互替代（Burt，1982）。结构对等是要求最严格的对等，在现实中完全结构对等的点相对较少，特别是在密度低、连接模式众多的大型网络中。实际的网络分析更多的是构建相应衡量指标，测量个体之间在多大程度上接近结构对等，并借用一定的标准，将一些更加接近的点归为同一类。

一般根据相关性和距离测量个体之间结构对等的程度，这种方法参考的是变量研究中的线性相关，比较两点与其他点关联的相关性。相关性取值区间为 [-1，1]，-1 表示关系完全相反，0 表示完全无关，1 表示两点的关系完全相同。利用距离计算结构对等程度实质上是计算距离平方根，也称为求欧几里得距离，即依次计算出两点与第三点的连接强度之差的平方，加总后再开方，结果越小表明两点越相似。对于二值型关系还存在另外三种测量方法：一是计算两个点共同连接的相邻点个数，并求出相同连接个数占两点邻接的总和。但是在大型网络中，个体之间可能拥有很少相同的邻接点，导致很难有符合条件的结构对等

---

① 关系完全相同意味着连接点相同、连接强度相同、方向一致。

点。二是计算两点对相同第三点的连接数量占其所有连接的比例。三是更改一个个体的关系数值，计算需要更改多少个关系数值才能与另一个个体相同，这种方法也被称为测量汉明距离。

（三）个体的归类

相关性或距离呈现了点之间的结构对等程度，但对点之间按照相关性或距离进行归类还需要借助 CONER 法或者分层聚类法。CONER 法是较早使用的分类方法，它通过输入初始相关系数矩阵（如皮尔森相关系数矩阵），计算所有行（列）之间的相关系数并生产一个新的相关系数矩阵，以此为基础进行反复迭代，最后生成一个只有 1 或 –1 的相关系数矩阵。在相关系数矩阵中，如果原矩阵对应的个体之间的矩阵格值为 1，则表明它们属于同一类；如果值为 –1，则表明属于不同类。CONER 法最终分类的结果可以通过树形图呈现。分层聚类法的逻辑是设定相应的阈值，将大于阈值（相关系数）或小于阈值（距离）的个体分为同一类。分层聚类法的分类结果同样也可以用树形图呈现。除这两种分类方法外，还可以利用多维空间法展示个体在不同维度空间上的聚集，空间距离越小的个体越接近结构对称。将网络中的每个个体进行归类后，便确定了个体在网络中的位置。一般而言，具有相同位置的个体的行为、作用、机会以及受到的约束等都具有很强的相似性。

（四）块模型：群体与群体之间的关系

将个体进行归类的一个重要目的是研究类别之间的关系，块模型的作用就是为群体（位置）之间的关系建模，确定位置内部及位置之间是否存在关联，并解释这种关系模式。与对个体进行分类确定个体位置相似，块模型的作用在于确定这些类别在网络中的位置及相互间的关系，这有助于我们更清晰地认识网络的结构特征。

一个块模型包括两部分内容：一是表示个体属于哪个位置的映射；二是表示位置内部以及位置之间关系的映像矩阵 $B = \{\beta_1, \beta_2, \cdots, \beta_k\}$，其中，$\beta_k$ 表示位置，b_{ij} 表示位置 ij 之间的关系，若 $b_{ij} = 1$，则表示存在关系；若 $b_{ij} = 0$，则表示不存在关系（i, j = 1, 2, $\cdots$, k; k = 1, 2, $\cdots$, B）。在块模型中 β_k 也被称为块，每个块对应中原矩阵中的一个子矩阵①，块中包含了位置内部及其之间的关系。若 $b_{ij}=1$，则称为 1 块；若 $b_{ij}=0$，则称为 0 块。在实际过程中，由于很少有个体之间是完全结构对等的，从而重排原矩阵得到的映像矩阵 B 中的子矩阵并非全部元素是 0 或 1，② 因而需要按照一定的规则将子矩阵中的所有元素全部转化成 0 或 1。密度准则是目前较通用的规则，它将整体矩阵的密度设为阈值，若子矩阵的密度值③低于阈值，则认定该块为 0；否则为 1 块。此时需要将原矩阵进行重排，并计算出每个子矩阵的密度，构建一个密度矩阵；再将密度矩阵中的值与阈值比较，将密度矩阵转化只包括 0 ~ 1 值的映像矩阵。对于多值网络而言，一般采取类似零准则，将任何包含大值的块定义为 1 块，只包含小值的块定义为 0 块。

构建块模型的一个目的是解释位置之间的关系。Burt（1976）提出了一种区分地位之间关系的方法，通过观察位置内部关系占所有关系的比重（$g_k-1/g-1$）④，将位置划分成四种不同的类型，其中，孤立地位是指不接受其他位置的关系，也不向外发出太多的关系；谄媚者位置是指向外发出的关系多于内部的关系，同时不接受过多外面的关系；经纪人位置是指既接受很多的关系又发出很多的关系；初级地位是指既接受外面的关系，同时内部又有很多关系（见表 2-6）。通过将块模型运用到增值税网络中，可以清楚地观察不同行业分别属于哪一类税源，以及每类税源在网络中的位置，借此可以判断行业在增值税网络中的地位和重要性。块模型的另一个作用在于分析各个位置因相互关联而呈现的总体结构。根据映像矩阵所呈现出来的位置之间的关系，一般常见的网络结构特征有凝聚子群、核心—边缘结构、中心化、等级、传递等结构。

---

① 映像矩阵 B 是根据位置对原矩阵重排的结果，在 B 中属于同一位置的个体位于相邻的行和列，在原矩阵中则不一定。

② 当然这只是针对二值关系而言。

③ 在二值矩阵中，该密度值用子矩阵中现有的连接除以可能存在的最大关系得到。

④ 这种计算方式只能针对二值矩阵，因此本书计算位置之间关系时需要将原来的多值矩阵转化成二值矩阵，并按照结构对等的归类重新排列二值矩阵。具体计算方式：位置 β_k 中有 g_k 个个体，则 β_k 内可能的联系为 $g_k(g_k-1)$，整体中有 g 个个体，则 β_k 有 $g_k(g-1)$ 个可能的联系，所以二者的比值为 $(g_k-1)/(g-1)$。

表 2-6　地位的拓扑性质①

地位内联系的比例	地位接受联系的比例	
	≈0	>0
≥$g_k-1/g-1$	孤立	初级
≤$g_k-1/g-1$	谄媚者	经纪人

第四节　中心性概念

关于权力的研究一直是社会学研究的核心议题之一，至于权力是什么、权力如何产生、权力的结果是什么等核心问题一直还存在争议，但基本都认可权力是社会结构中的基本特性（汉尼曼和里德尔，2019）。社会网络是从关系的角度出发定义什么是权力、权力源于什么以及如何测量权力的，权力并不是某个个体或群体所独有的特性，权力是从个体之间的互动关系中产生的，来源于个体间关系的不平等，这种不平等产生了依赖和控制，所以权力是关系模式作用的结果。如果将权力看作一种关系，那么关于权力的表示和测量也必然会围绕关系来展开，这就涉及社会网络分析学者较早开展的研究之一——点的中心性②。通过测量每个个体在网络中的中心性，可以了解关系网络中的权力分布情况，也能了解个体在邻域中以及整体网络结构中的地位和作用。中心性的测量以个体与其他个体之间的关系为基础，形成了点度中心性、接近中心性、中介中心性等指标，③ 其中，点度中心性测量的是个体在邻域中的权力，接近中心性衡量的是个体在整体网络中的权力，中介中心性则衡量的是个体充当其他个体间连线的中介作用。

---

① 摘自斯坦利·沃瑟曼和凯瑟琳·福斯特（2012）。

② 关于中心性的研究源于"明星"的概念，即群体中最受欢迎的人。最早研究中心性的学者是 Bavelas（1950），他得出了个体影响力与其网络中心位置成正比的结论。但是中心性并不总是与权力正相关，Mizruchi（1994）发现在一些情况下，处在最中心的位置的行动者恰恰是最弱者中间，这些邻点削弱了行动者的权力。

③ 弗里曼（1979）系统讨论了中心性的测量问题，并提出了上述中心性指标。

一、点度中心性

在社会网络中，个体首先是作为局部网①中的一个节点而存在的，一个个体通过与其他个体直接相连组成了一个局部网，再通过与其他个体间接相连构成了整个社会网络。那么局部网中的权力如何分布，这需要借助点度中心性来考察个体与其他个体直接相连的情况。一般认为，与其他个体直接连接越多的个体便有更多的选择机会，相比其他个体，这一个体对其他个体的依赖性更小，因而拥有更多的权力，在网络结构中位置也更好。如前文所述，点的度数表示与一点直接相连的点的个数，以点的度数为基础测量点的中心性被称为点度中心性，点的度数越高其局部中心性也就越强。由于不同点可能拥有相同的度数，所以局部网中并不一定只存在一个"明星"。在对称矩阵中，点度中心性最大的点也是行和或者列和总数最大的点。

点度中心性的计算根据有向关系与无向关系而有所区别。在有向图中，可分为点出度中心性和点入度中心性，其中，点出度中心性表示节点连接其他节点的数量（矩阵中用对应点的行和表示），点入度中心性表示其他节点连接到该节点的数量（矩阵中用对应点的列和表示）。较高的点入度表明有很多的节点与该点发生直接连接，体现了该点的重要性；较高的点出度表明该点拥有更多可以发生直接连接的点或者可以影响的点，表明该点具有更高的影响力。除了利用度数测量点度中心性以外，斯科特（2007）认为还可以利用距离②来测量点的局部中心性，如利用与一点距离为 2 或者为 3 的点的个数测量点的局部中心性。一般而言，与一个点距离为 3 或者更长的点，可能对该点的影响或者受该点的影响并不大，因而多数研究都是利用距离为 1 或 2 来衡量点度中心性。

用点的度数表示的点度中心性是一个绝对意义的概念，只适用于图形内部或者相同规模图形之间的比较。由于不同图形之间节点数量可能不同③，根据绝对点度中心性测量的指标难以进行图与图之间的比较。为了方便不同图形之间的比较，Freeman（1979）提出了相对点度中心性的概念，用点的绝对点度中心性与

---

① 在一定条件下，局部网也可以是整体网。
② 点的度数距离为 1。
③ 也可能是关系类型不同。

图中点的最大可能点度中心性之比来表示。①

但是仅依靠度数测量点度中心性存在一个明显的缺陷，它假设所有点的度数都重要，从而拥有相同度数的节点具有相同的权力。但现实中不同点的度数的重要性并不相同，如一个与节点 A 相连的点度数都很高，而与节点 B 相连的点度数很低，彼此间相互孤立。此时虽然 A 和 B 具有相同的度数，但是其在网络中的重要性和影响力显然存在较大差异，直观看 B 更有权力，而 A 则更有影响力。基于此，Bonacich（1972，1987）提出中心性的测度也取决于与该节点相连的其他节点的中心度。用公式表示为 $\sum r_{ij}（\alpha+\beta c_j）$，其中，$r_{ij}$ 表示与节点 i 相连的节点个数，c_j 表示与节点 i 相连点的中心度，即以相邻点的度数为权重计算点的中心性。从而在点度数相同的情况下，如果节点的中心度越高，则该节点影响力越大权力越小；如果连接点的中心度越低，则该节点的影响力越小权力越大，即与之相连接的点对其依赖更高。这种考虑邻点重要性的方法，更能准确测量点在局部网中的重要性，但是也存在一些计算上的问题，如参数 β 的赋值具有很强的主观性（斯科特，2007）。

二、接近中心性

点度中心性计算的是一点的邻域规模（或者是间接相连的点），反映的是该点在局部网络中的重要性和影响力。但这并不能保证该点处于整个网络中心，如一个点的邻点可能都是度数较低的点，这样虽然该点是中心点，但只是局部中心。为找出整个图的中心点，Freeman（1979）提出了整体中心度②这一概念及其测量方法。与点度中心度不同，整体中心度计算的依据是点与点之间的距离。如前文所述，在图论中，点与点存在多种途径相连，途径的长度用点与点之间组成该途径的线数测算，其中最短的途径就是点与点之间的距离。在一个图中，如果该点与其他点的距离之和最小，则称该点与其他点更加接近（Sabidussi，1966），处在整个网络的中心。在社会网络中，整体中心度衡量的是一个点对网络中所有点的影响力和控制力。

---

① 根据斯科特（2007）的分析，相对中心度并不能解决因关系类型不同导致的网络中心度难以比较的问题，从而这一概念也只适用于相同规模网络间的比较。

② 或表述为接近中心性。

在测量方面，Sabidussi（1966）给出了接近中心性的测量公式：$CAP = \Sigma d_{ij}$，其中，d_{ij} 是点 i 到点 j 的距离。上述公式测量的是接近中心性的绝对值，为了便于不同图之间的比较，可以将其标准化为相对接近中心性。因为星状图具有理论意义上的完备性，因而一般图形接近中心性需以星状图核心点的接近中心性为标准进行标准化。在星状图中，核心点与其他点的距离均为 1，从而该核心点的接近中心性为 n−1。其他图形中的相对接近中心性可利用绝对接近中心性除以 n−1 得到，即 $CRP = \Sigma d_{ij} /（N−1）$。在实际计算过程中可以先计算出每个点到其他点的距离，以此构建一个距离矩阵，对于无向图而言一个点的距离和便是该点对应的行和或者列和。对于有向图而言，可区分内接近性或者外接近性。此外，汉尼曼和里德尔（2019）给出了利用可达性测量接近中心性的方法，通过计算点到图中其他的距离长，并按照距离长进行加权求和，其中，距离为 1 权重为 1，距离为 2 则权重为 1/2，距离为权重为 1/3 等，可达距离总和越小的点是网络中的核心点。

依靠距离加总的方式确定整体中心性并非完美无缺，在大型的复杂网络中这种测量方式容易导致不同网络位置的个体具有相同的接近中心性。例如，个体 A 与周边其他个体间距离很近，但与网络其他个体间距离较远；与此同时，另外一个个体 B 与其他个体之间的距离都比较平均，按照距离加总的方式测算的结果是两个个体的整体中心度差别不大，但显然 B 要比 A 更处在中心位置。特征向量中心性克服了这种局部特征对中心性的影响，以网络整体结构为基础寻找网络中最核心的个体。这种方法通过因素分解，确定不同个体之间的距离包括哪些维度（构面），每个行动者对应于每个维度上的位置被称为特征值，由这些特征值构成的向量称为特征向量。通常而言，第一个维度反映的是个体间距离的总体情况，第二及之后的维度反映的是次一级的结构。特征向量中心性指标是目前比较通用的方法，但其应用也存在一定的局限，它更适用于分析对称关系，在不太复杂的网络中，一般选择其他指标测量点的接近中心性。

三、中介中心性

在社会网络中，权力的分布不仅与点的度数或距离相关，还取决于一个点在多大程度上充当其他点连接的中介（或桥梁）。如果一个点是其他点相互连接的中介，即使该点的度数或者接近中心性不高，但也能说明该点拥有权力且处于图的中心，因为它控制了其他点之间的连接，在其他点之间扮演着中间人的角色。如果 A 点通过 B 点与其他点连接，则称 A 点依赖于 B 点。中介中心性的研究较早始于 Freeman（1977，1978，1991），随后 Burt（1992，2004）通过系统研究结构洞问题将其发扬光大。

关于中介中心性的测度主要有两种方法：一是测量图中的点在多大程度上处于图中其他任意两点的中间，即利用图中两点之间经过该点的捷径除以两点之间所有的捷径，用中间性比例来表示。在社会网络中有 A、B、C 三点，A 点和 C 点可以通过 B 点实现连接，那么就称 B 点是 A 点和 C 点的一个桥，测量 B 点充当 A 点和 C 点的中间性比例，需要测量 A 点和 C 点通过 B 点连接的捷径（定义为 g_{jk}），然后测量 A 点和 C 点之间的捷径总数（定义为 g_{jh}），则 B 点多大程度位于 A 点和 C 点的中间性比例 b_{jk}（i）= g_{jk}/g_{jh}。因此 B 点的中介中心度等于 B 点充当所有点对的中间性比例之和，可表示为 $\Sigma\Sigma$（g_{jk}/g_{jh}）。根据星状图中最大的中介中心度进行标准化后的相对中介中心度为 2 $\{\Sigma\Sigma$（g_{jk}/g_{jh}）$\}$ / （n^2-3n+2）。衡量 A 点对 B 点的依赖可以利用 B 点相对于所有包含 A 点的点对中间性比例之和表示，并以此构建局部依赖矩阵，矩阵中的矩阵格值表示行对应的点对列对应的点的依赖，从而该点对应的列和的一半即为该点的中介中心度（Brands，2008）。

二是关于图中点的结构洞指数的测量。结构洞这一概念由 Burt（1992）提出，意指个体之间的非冗余关系。在 A、B、C 三点间，如果 A 点和 C 点需要通过 B 点才能连接，那么称 A 点与 B 点、C 点与 B 点之间的关系是非冗余的；如果 A 点、C 点直接相连，那么则称 A 点与 B 点、C 点与 B 点之间的关系是冗余的，即多余的关系。[①] Burt（1992）认为，占据结构洞位置的个体拥有信息及控制的优势，因而比其他位置上的个体拥有更多的竞争优势。关系缺失只是判断结构洞的一个方面，更完整的判断标准需要同时考虑凝聚性和对等性两个方面。凝聚性考察的是个体连接的其他个体之间是否存在直接连接，如果存在直接联系说明网络内部凝聚力较强，冗余关系多不存在结构洞，如在派系中。对称性考察的

---

① 当然，这种讨论只限定在二值关系上，如果是多值关系则需要考虑更多的因素。

是不同个体在结构上是否对称，即拥有相同的关系，如果不同个体提供的是相同的关系，即使这两个个体间没有直接连接，也说明这些个体提供的关系是冗余的。

在结构洞的测量方面，Burt（1992）从有效规模、效率、限制度和等级度四个维度构建了结构洞测量指标。有效规模是指一个个体网络中的非冗余因素，Burt 测量有效规模的方法较为复杂，Borgatti（2011）给出了测算有效规模的简单方法，用个体网中其他点的平均度数表示冗余度，再用个体的度数减去冗余度便得到了分冗余度，即有效规模。效率是指有效规模与实际规模之比。限制度是结构洞指标中最重要的一个维度，一个点 i 相对于另一个点 j 的限制度衡量的是 i 对于 j 的控制力。关于点 i 对于点 j 的限制度测量分为两个部分：一部分是点 i 与点 j 的直接关联，用（P_{ij}）表示；另一部分是点 i 通过点 q 与点 j 的关联情况，这部分取决于两个因素，点 i 与点 q 关系占其总关系的比重，点 q 与点 j 的关系占其总关系的比重。Burt（1992）给出的点 i 受到点 j 的限制度为 $C_{ij} = （p_{ij} + \Sigma p_{iq}p_{qj}）^2$（$0 \leq C_{ij} \leq 1$），点 i 在网络中受到的总约束等于其相对于所有点的限制度加总。等级度衡量的是限制性在多大程度上集中在一个行动者身上①。一个点受到的限制与等级成反比，即等级越高，表明受限越大。

第五节　网络分析的税收含义

前文介绍完社会网络分析的基本框架之后，笔者下一步就是选取相应指标测量制造业在增值税税收网络中的位置，并介绍这些网络分析的税收含义。这需要重新回归到本书的研究主题，并根据这个主题选择适用于增值税税收网络分析的思路和指标。本书的核心主题在于解析增值税税源结构，探讨增值税税源结构的网络特征及变化趋势，在此基础上确定制造业在增值税税源中的网络位置及变化情况。同时，还需对制造业内部结构进行分析，了解制造业内部的构造情况。因此，针对本书的网络分析需要涉及宏观、中观、微观三个层次：从宏观上分析增

---

① 具体公式参见刘军（2007）。

值税网络及制造业增值税网络的整体特征；从中观上分析网络中的次级结构，了解网络中的税收集群分布情况；从微观上分析制造业个体网络特征，了解制造业与其他行业的税收关联特征。

一、增值税税源结构网络分析的宏观层次

分析增值税网络结构首先需要从宏观上关注点线相连所呈现出的总体关联特征，如网络的规模大小、密度、距离、互惠性、关联性等。对于简单的社会网络，通过观察矩阵或者网络图便能了解网络总体特征，对于复杂的网络则需要借助规模、密度等相关测量指标才能分析总体特征。

在增值税网络中，网络的整体结构特征具有特定的税收含义。规模是指增值税网络中节点的个数，在本书中指存在销项关联与进项关联的行业，行业越多，则网络中关系越多，从而网络的规模也就越大。对于增值税网络的规模，产业分工会衍生出新的业态和新的行业，这相当于增加了新的网络节点。密度衡量的是各个行业关联的紧密性，对于增值税税收网络而言，网络密度同时衡量的是关系的数量和强度。增值税网络密度越高，则表明各个行业的税收关联越紧密、产业间税收依赖更强，一个行业销项税额（进项税额）的变化对整个增值税的冲击也就越快。"营改增"直接增加的是关系的数量，一些新纳入增值税征收范围的行业与其他行业产生了销项关联。互惠性是一个衡量网络等级度的指标，它是指行业之间税收关系的对等性。A 行业为 B 行业提供进项税额，如果 B 行业也为 A 行业提供进项税额，则这两个行业的关系是互惠的，否则是不对等的。[①] 关系的不对等是产生等级的根源之一，互惠性低的增值税网络表明许多行业的销项税额（进项税额）过度依赖某一个行业，而该行业对其他行业的销项税额（进项税额）依赖较少，这会增加网络的不稳定性及税收收入波动的不确定性。传递性测量的是关系的连通性，如果关系能够传递，则一个行业能够跟其他不直接关联的行业产生间接关联。关系的传递性是大型网络形成的基础。对于增值税网络，传递性衡量的是增值税税收抵扣的完整性。

---

① 理论上互惠性还要求关系的强度一致。

通过描述增值税网络整体所呈现出的特征，能够清楚地判断产业间税收关联的紧密性、结构的对等性、连通性以及次级网络的分布，进而揭示不同产业间在增值税方面的相互依赖特征、税收贡献上的差异、网络演变趋势等。对于制造业而言，整体的增值税网络结构勾勒了制造业嵌入网络的宏观环境，它描绘了制造业发挥影响力和重要性作用的范围和限制，制造业增值税收入的实现、税负转嫁都受制于整体网络。在一个等级度较低的网络中，制造业的网络地位与其他行业相同。制造业的增值税网络位置会随着宏观网络结构的变化而变化，同时制造业增值税的变动也会对整个网络结构产生影响，但影响的大小和路径则受制于整个网络结构。如在密度越高的网络中，一个行业税收收入变动的影响传递得越快；而在规模小、联系稀疏的网络中，每个行业的影响范围就小很多。

对于增值税税收网络而言，产业分工细化与产业融合、"营改增"等都是影响网络整体结构特征的重要因素，它们改变了产业间税收关联的同时，也影响了制造业的增值税税收地位。

二、增值税税源结构网络分析的中观层次

网络结构的宏观分析只是考虑关联的整体特征，对关联的异质性和相似性关注较少。在网络中每个节点的关联特征与其他节点都存在差异，这种差异使得整个网络结构呈现出较强的异质性。一些局部区域因关联紧密，使密度明显高于其他地区，呈现出一定的集群。一些节点的关联特征比较相似，如在网络中位置相似、角色相近，因而可以归为一类。关于网络的中观分析就是集中关注网络中出现的集群特征，通过寻找网络中的集群，寻找关联紧密的点或者具有相似关联特征的点。集群是节点所处的局部网络，它描述了节点在网络中面临的直接机会、约束和影响范围，同时集群也是节点与整体网络沟通的桥梁，处于最大集群或者位于多个集群中的节点明显具有更大的影响力。因此，通过集群也能基本上判断一个节点在网络中的地位和作用，以及可能产生的影响。将关联相似的点归类，目的是在结构上寻找可以相互替代的点，如果两个点与其他点的关联特征相似，那么这两个点从结构上就可以替代且不影响整体网络特征。如果网络中的一个点能够被轻易替代，那么这个点的地位较低。

关于增值税税收网络的中观层次分析将集中关注两点：一是寻找制造业所在的税收集群；二是找出与制造业具有类似税收关联的行业。关注制造业所在的税收集群，是为了观察制造业与哪些行业的税收关联最紧密，以及制造业的直接影响范围。这类分析所涉及的内容主要包括税收集群的数量、税收集群成员数量以及税收集群之间的成员共享情况等。其中，集群数量反映整个税收网络向局部网络集中的趋势，税收集群数量越多，表明网络中分化比较明显，集群中的行业与其他行业关联强度较低。税收集群成员数量是为了区分不同的集群规模，大的税收集群拥有更多的行业，对税收收入的贡献和影响越大，小的税收集群行业数量较少，对整体税收影响有限，不过它代表了网络分化和发展的趋势，这些小的集群未来很可能发展成大的集群。共享成员数量代表了不同集群之间的税收连接，某一集群与其他集群共享成员越多，则说明该集群处在增值税网络的中心，对网络的影响是全面性的；某一集群与其他集群共享成员较少，则说明该集群处在相对边缘的位置。通过判断制造业属于哪些集群、集群规模如何、是否充当共享成员，基本上能够判断制造业在整个网络中的地位和影响力。

找出与制造业具有类似税收关联的行业有三种方法：结构对等、自同构对等、规则对等。本书主要关注的是与制造业存在结构对等的行业，即寻找与制造业具有相似税收关联特征的行业，本质上是分析增值税税收网络中是否存在可以替代制造业的行业。这种分析涉及按照关联的相似性对网络中不同的行业进行分类，将相似性高的行业归为同一类别。属于同一类别的行业在与其他行业的税收关联上具有高度的相似性，这意味着对这些行业实行相同的税率政策，对税收收入变动所产生的影响基本相同。在确定每个行业属于不同的类别之后，本书将关注这些类别之间的关系，以判定每个类别在网络中的作用，如该板块是税收净流入板块、税收净流出板块、税收净平衡板块还是中介板块等。税收净流入板块是指板块内的行业总体上与其他行业的销项关联强度要弱于进项关联强度，这意味着它们承担了更多的转嫁过来的增值税税负。通过判断制造业与哪些行业具有相似的关联特征、属于哪种类别，以及这个类别在网络中的作用，将会对制造业在税收关联上的作用和可替代性产生更清晰的认识。

三、增值税税源结构网络分析的微观层次

关于网络宏观层次和中观层次的分析更多的是描述制造业所处的网络环境，对制造业的网络位置和作用只能形成一个相对粗糙的判断。至于制造业在网络中具体处于什么样的位置且有何种作用，制造业在税源结构中的地位是否下降且作用是否被消弱，则需要对制造业的税收关联特征进行具体分析。

关于增值税税源结构的微观层次分析，主要是通过具体分析制造业与其他行业的税收关联特征，描述制造业在增值税税收网络中的权力和受约束情况。权力是指制造业的中心性指标，也是能直接体现制造业在网络中地位和作用的指标。它测量的是制造业位于网络中心的程度以及对其他行业的税收影响力。如果制造业拥有较高的权力指数，则说明制造业在网络中拥有非常高的影响力。一般来看，关于网络权力的测度都是基于三个维度：点度中心性、接近中心性和中介中心性。点度中心性是对制造业与其他行业关联数量和关联强度的测量。对于有向网络，点度包括点出度和点入度，点出度测量的制造业与其他行业销项税额的关联情况，反映的是制造业对其他行业增值税税收收入的影响能力；点入度测量的是制造业与其他行业进项税额的关联情况，反映的是制造业对其他行业增值税税收收入的拉动作用。在社会网络分析中，点入度常用来测量个体的声望大小（沃瑟曼和福斯特，1996）。如果点度中心性越高，那么说明在生产环节，制造业与其他的税收关联强度越高，对其他行业的税收影响和拉动能力越高。社会网络关于这一点的分析，是税收收入份额视角所不能及的。接近中心性更多地用于大型网络中测量哪些节点更靠近网络中心，本书所研究的增值税网络规模相对较小，只是将该指标用于制造业是否接近网络中心的辅助性测量。中介中心性测量的是制造业在网络中的桥梁作用。虽然增值税网络中所有行业基本上都存在关联，但大部分行业仍需要通过一些行业与其他行业产生间接关联，间接意义上的关联是放大网络冲击的加速器。如果一个行业充当其他行业间接关联的作用越明显，那么该行业的中介作用就越大，该行业的税收变动对增值税税收网络的冲击扩大效应越明显。

约束是制造业的结构洞指标，测量的是制造业的税收关联在多大程度上会受到其他行业的影响和制约。在增值税网络中，制造业的税负转嫁行为取决于与制

造业关联的其他行业之间的关联情况。如果这些行业关联情况较差，那么制造业的结构洞位置就比较明显，制造业就能够在与其他行业的税负转嫁上掌握较大的主动权。与前述的中心性指标不同，结构洞指标反映了制造业的网络位置是否赋予其足够的谈判优势，它讨论的主题是网络位置是否会影响产业的谈判行为，进而影响产业的绩效。

第三章　构建增值税税收网络

构建增值税税收网络是网络分析的第一步，这涉及确定网络中的行业数量和行业之间的增值税税收关系。对于本书而言，构建增值税税收网络需先解释各个行业之间的增值税税收关联是如何形成的，并测量产业之间的税收关联强度。增值税作为流转税，税基是商品服务的流转额，正是商品流、服务流提供了行业间产生增值税税收关联的载体。因此，研究行业之间的增值税税收关联，需要先研究行业间的商品服务关联，即投入产出关系。本章将借助投入产出理论阐述产业之间的投入产出关联特征，结合增值税理论以及增值税征收机制讨论产业之间如何由投入产出关联衍生出销项税额—进项税额关联。在对产业之间的销项—进项关联进行测量之后，本章接着讨论了利用销项—进项矩阵构建增值税税收网络的方法，并构建了一个二值有向的增值税税收网络，在后文的网络实证分析中，将主要以这个二值有向网络作为分析对象。

第一节　产业间的投入产出关系

行业间的投入产出关系是整个经济系统中较重要的关系之一，它反映了再生产过程中产业之间相互依赖、相互制约的经济技术联系（杨斌斌，2002）。在经济体系中，各个产业之间以商品和服务为载体进行交换，维系和推动了经济体系的循环与发展，并将不同的产业连接在一起共同构成了整个经济网络。里昂惕夫（1941）利用投入产出表分析了经济系统中的生产与分配关系，为揭示经济结构及不同产业之间的技术经济联系提供了新的分析工具。

一、投入产出表的基本结构

在投入产出表中（见表3–1），列表示各部门生产过程中的投入及结构，行表示各部门的产品及服务产出在不同领域的分配情况。根据产品及服务是否重新回到生产领域，可以将总产出（X_i）分为中间使用和最终产出，最终产出是流入消费环节的商品或服务，包括消费品、资本品、出口品等，在投入产出表中用y_i表示最终使用合计。中间使用是继续流入生产领域的商品或服务，用于支持其他产业的生产（也包括本行业），表现为其他行业生产的产品对本行业产品服务的需求，或是本行业产品和服务分配给其他产业的使用情况。部门i的中间使用总和用x_i表示〔见式（3–1）〕。总投入（X_j）包括初始投入和中间投入，初始投入主要包括支付的工资、营业盈余、生产税净额、折旧等，初始投入也被认为是新创造的价值（即增加值，V_j）；中间投入表示各部门生产过程中对产品和服务的消耗，中间投入①反映了各部门的生产对其他部门产品和服务的需求情况，部门j的中间投入总和用x_j表示〔见式（3–2）〕。根据平衡原则，总产出等于总投入，即初始投入+中间投入＝中间使用+最终使用（$X_i = X_j$）。投入产出表体现了经济中的均衡关系，中间使用和中间投入从不同角度反映了行业之间在生产环节上的直接联系和联系强度，根据中间环节的投入和使用以及总产出和总投入，可以构建反映每个产业在经济体系中作用的指标，如最简单的消耗系数和分配系数等，以此来更加精准地刻画产业之间的相互依赖和相互影响的关系。

表3–1　简化的投入产出表

投入 \ 产出		中间使用				最终使用				总产出
		部门1	部门2	…	部门n	消费	资本形成总额	出口	最终使用合计	
中间投入	部门1	x_{11}	x_{12}	…	x_{1n}	c_1	k_1	e_1	y_1	x_1
	部门2	x_{21}	x_{22}	…	x_{2n}	c_2	k_2	e_2	y_2	x_2
	⋮	⋮	⋮	⋮	⋮	⋮	⋮	⋮	⋮	⋮
	部门n	x_{n1}	x_{n2}	…	x_{nn}	c_n	k_n	e_n	y_n	x_n

---

① 中间投入也包括对本行业产品和服务的使用情况。

续表

投入＼产出		中间使用				最终使用				总产出
		部门1	部门2	…	部门n	消费	资本形成总额	出口	最终使用合计	
初始投入	劳动者报酬	w_1	w_2	…	w_n					
	营业盈余	m_1	m_2	…	m_n					
	增加值合计	v_1	v_2		v_n					
总投入		x_1	x_2	…	x_n					

资料来源：夏明、张红霞. 投入产出分析：理论、方法与数据［M］. 北京：中国人民大学出版社，2012：15.

$$x_j = \sum_{i=1}^{n} x_{ij}(j=1,2,\cdots,n) \qquad (3-1)$$

$$x_i = \sum_{j=1}^{n} x_{ij}(i=1,2,\cdots,n) \qquad (3-2)$$

在投入产出表中，元素 x_{ij} 最值得关注，它是第 i 行与第 j 列的交叉值，从行向看表示 i 部门产出分配给 j 部门使用的部分，从列向看表示 j 部门生产过程中消耗 i 部门产出的情况，所以 x_{ij} 是行业 i 与 j 之间的投入产出关系最直接的体现，也是最简单的形式。

二、关于产业关联特征的测量

投入产出表只是静态地展示了一般均衡框架下的国民经济核算关系，研究产业关联特征还需要围绕投入产出表构建一系列系数和模型，以此作为结构分析和经济分析的依据。本书的主要目的是介绍产业间的税收关联，对测量产业关联特征的系数只做简单介绍。

第一类指标是消耗系数与分配系数。通过投入产出表中的 x_{ij} 与 x_i、x_j，可以直接构造用来反映产业之间的技术经济联系——直接消耗系数、完全消耗系数、完全分配系数等，如完全消耗系数分析的是产业间的前向联系，完全分配系数则反映的是产业间的后向联系。

直接消耗系数可以通过中间投入除以总产出得到（$a_{ij}=x_{ij}/x_j$），用来反映部门 i 投入在部门 j 的总投入中的占比情况，由于部门的总产出等于总投入，所以

a_{ij}也可以表示部门 j 每单位产品或服务对部门 i 产品服务的消耗情况。由a_{ij}构成的矩阵 A 被称为直接消耗系数矩阵。完全消耗系数（b_{ij}）等于间接消耗系数与直接消耗系数之和，所谓间接消耗是指部门 j 生产消耗其他部门产出中包含的对部门 i 的消耗，完全消耗系数反映的是部门 i 每生产一单位产出对部门 j 产出的直接消耗和间接消耗的总和，表明该产业对其他产业的需求拉动作用，常用来测量后向效应。由b_{ij}构成的矩阵 B 称为完全消耗系数矩阵，完全消耗系数矩阵由直接消耗系数计算而来，二者关系为$B = A(I-A)^{-1}$。$(I-A)^{-1}$被称为里昂惕夫逆矩阵，在投入产出模型中该矩阵表示的是投入产出乘数，它反映了最终需求（最终使用）变动对整个生产系统所产生的放大效应。

与消耗系数对应的是分配系数（r_{ij}），用对应部门的元素（x_{ij}）除以该部门对应的总产出（总投入）表示，表达式为$r_{ij} = x_{ij}/x_i$。对于行业 i 而言，分配系数r_{ij}反映的是行业 i 直接分配给行业 j 使用的产出占其总产出的比例。由此构成的矩阵是分配系数矩阵 R，在此基础上可以构造完全分配系数矩阵$D = (I-R)^{-1}-I$，完全分配系数反映的是一个行业的产出被其他行业直接和间接使用的情况。完全分配系数表明行业 i 将其产品或服务分配给其他行业使用的情况，表明了对其他行业的推动作用，因而常被用来测量前向效应。直接消耗系数是利用列（投入）构造系数，分配系数则是利用行（产出）构造系数，这两类系数反映了产业之间的前向联系和后向联系。

第二类指标是基于里昂惕夫逆矩阵构建的影响力系数、感应度系数、生产诱发系数等，用于测算部门的总产出（最终需求）与其他部门总产出（最终需求）之间的关联（王岳平，2000；王岳平和葛岳静，2007）。影响力系数含义是一个产业增加的单位需求，通过直接或间接关联对其他各部门生产产生影响，反映的是该部门的生产波动情况对其他部门最终生产需求的影响，较大的系数反映了该部门拉动作用强。感应度系数反映的是当其他部门增加一单位的最终需求时，该部门所感受到的需求变化情况，表明该部门需要生产多少产出才能满足其他部门增加的需求，较大的感应系数表明该部门容易受其他部门影响。与影响力系数和感应力系数测量的是各部门之间产出与最终需求关系不同，生产诱发系数测量的是某项最终需求变动（如消费）对各部门总产出的影响。根据生产诱发额与总产值，还可以构造最终需求依存度，以测量投资、消费、出口等最终需求对各部门增加值的贡献情况。

第三类指标是基于里昂惕夫逆矩阵分解所构建的乘数效应、溢出效应、反馈效应等，这类指标弥补了上述指标对产业间关联分析不够的缺陷，能够更加细致地分析产业间及产业内部的联系（余典范等，2011）。乘数效应是指产业自身最终需求变化对自身总产出的影响。溢出效应有两类：第一类与影响力系数相似，反映一个产业的最终需求变化对其他产业产出的直接和间接影响的总和；第二类溢出效应与感应系数相似，反映的是其他产业的最终需求变化对该产业的产出所产生的直接或间接影响。反馈效应是指该产业最终需求变化对其他产业产出产生影响之后，这种影响又反过来对该产业的产出带来的影响。

三、难以测量税收关联的投入产出法

虽然投入产出法能够精确测量产业之间的技术经济联系，以及产业间需求与产出之间的相互影响，但是这些测量产业关联特征的指标和模型并不能直接用于测量产业间的税收关联。投入产出分析依赖于严谨的投入产出结构，以及投入和产出间的平衡关系，如果要用投入产出分析方法分析税收关联特征，则需要模仿投入产出表构建一个相应的税收表。但免税行业的存在、行业间的税率不均、固定资产处理等会破坏这种平衡结构，从而难以构建一个类似的平衡表，因此投入产出分析在分析税收关联时缺少了应用的基础。因为这种差异，如果用产业间的投入产出关联特征替代产业间的税收关联特征，则会丧失一定的合理性。具体分析如下：

免税项目的存在会破坏投入产出表的平衡关系。增值税的征收范围并不包括所有的商品服务流转额，农业等行业的中间使用、总产出及所有行业的出口都属于免税范围，这显然破坏了投入产出表的平衡结构，使得投入产出分析方法失去了分析的基础。同样是因为免税项目的存在，不同行业的税收流与商品服务流会存在一定的差异，所以测量产业关联特征的方法和指标并不能准确地反映产业间的税收关联特征，也不能测算出一个行业增值税税负对其他行业税负或整个增值税税负的影响。虽然通过剔除免税项目，可以利用投入产出表测量各个行业增值税税基以及税负的变动情况（姜明耀，2011；胡怡建和李天祥，2011），但这种方式并不能完整地测量产业间的税收关联特征。

各个行业的增值税税率差异也会导致同样的结果。税率差异一方面会破坏整个投入产出表的均衡结构，另一方面也会扩大税收关联与产业关联之间的差异。将产业关联转化成税收关联需要将产业间的投入产出转化成销项税额与进项税额，由于存在税率差异，各行业的投入和产出获得了不同的税率加权，使得转化后的销项税额与进项税额差异和转化前的各行业投入产出差异有着较大的不同，如反映产业间产出消耗和分配的消耗系数、分配系数。如果将产品服务流转化成销项税额和进项税额，再构建类似的系数结果肯定与原结果有较大的差异，税率差异会削弱或提升某些行业与其他行业的税收关联强度。税率差异破坏均衡结构的同时，也扩大了产业关联与税收关联的差异。

在投入产出表中，固定资产同时扮演着两种角色：一种是最终需求（最终使用）中的固定资产形成额，另一种是初始投入中的固定资产折旧。但从增值税角度来看，购进固定资产所产生的增值税与购进中间投入的增值税并无差异。这种结构上的差异使得投入产出表与税收流量表有着很大的差别。此外，在投入产出表中，能够测量固定资产形成额所产生的销项税额，但每个行业购进固定资产所产生的进项税额却无法测量。所以，借用投入产出表也不能测量所有的增值税税收关联。

由于增值税中存在免税项目、税率差异等原因，使得投入产出分析量化产业间需求与产出关系的思路，难以适用于分析产业间的增值税税收关联，以投入产出法为基础构建的产业关联特征也存在与税收关联特征不匹配的问题。社会网络分析则提供了不同的分析思路和方法，与投入产出分析不同，网络分析只需要确定产业间税收关联是否存在及其关联强度，[①] 就能够构建一系列指标测量不同行业的税收位置。虽然投入产出分析不能直接用于测量产业间的税收关联，但它为构建产业间税收关联提供了数据基础和相关思路。

第二节　产业间的增值税税收关联

确定和测量关系是网络分析的基础。产业间之所以能够形成可以测量的增值

---

① 从后文的分析我们也能看到，同样是因为免税项目和税率差异的存在，我们也无法测量出产业间完整的销项—进项关联，但这种缺陷要小于投入产出分析法对社会网络分析的影响。

税税收关联，一方面源于产业间本身就存在可测量的投入产出关系，另一方面在于增值税采用的抵扣征收机制是建立产业间增值税税收关联的制度基础。本书称这种由投入产出关系衍生而来的增值税税收关联为销项税额—进项税额关联（以下简称为销项—进项关联）。本节从增值税基础理论出发，讨论产业间销项—进项关联的形成机制和测量方式，进而构建反映产业间税收关联的销项—进项矩阵。

一、从投入产出关联到销项—进项关联

在投入产出表中，中间投入（中间使用）环节呈现了产业间相互的商品服务消耗关系。从中间投入角度来看，产业之间的关联在于每一个产业的产出都需要使用其他部门的产品作为中间投入；从中间使用的角度来看，每个部门的部分产品都会成为其他部门的投入而用于生产其他产品。中间投入（中间使用）表示的产业间生产上的关联是保障生产持续循环、创造经济增加值的基础，也是产业之间产生增值税税收关联的纽带。至于产业间如何从投入产出关系衍生出增值税税收关联，还需要结合增值税的税额抵扣法具体分析。

（一）税额抵扣法：测量税收关联的制度基础

顾名思义，增值税的课税对象是商品服务在流转过程中产生的增加值。不同行业之间的增值税税收关联，正是源于不同行业共同处在创造增加值的链条上，应纳税额的计算方式使得测量不同行业的增值税税收关联变成了可能。在讨论增值税应纳税额计算方式之前，首先简单介绍增加值的计算方式。

计算增加值的方法有加法和减法两种（Ebrill 等，2001；Schenk 和 Oldman，2007；王玮，2012；Kathryn，2015）。从加法来看，增加值等于商品生产流通各环节的增加值总和。就单个环节而言，增加值等于在原材料价值基础上取得的价值增额，也等于分配给各要素的收入之和，包括净利润、工资、租金、利息等。对于行业而言，在投入产出表中行业的增加值等于初始投入，包括劳动者报酬、生产税净额、固定资产折旧、营业盈余等。从减法上看，增加值等于产出减去生产投入。在投入产出表中，行业的增加值等于总产出减去中间投入。

根据增加值的计算方式，增值税应纳税额相应的有三种计算方式（王玮，2012）：第一种是税基列举法，即将构成增加值的各项相加得到最终的增加值，

并乘以相应税率。第二种是税基相减法，在商品服务的收入中扣除相应项目得到增加值，再乘以相应税率。这两种方法虽然能够计算出增值税的应纳税额，但存在计算较复杂、征收成本高、容易产生逃税等问题，因而很少有国家采用这两种方法计算增值税。第三种是税额抵扣法（税额相减法），分别根据销售收入、购进商品服务计算销项税额与进项税额，利用销项税额减去进项税额得到最终的应纳税额。在税额抵扣法的实操层面上，以发票为抵扣依据的发票扣税法是当前各国普遍采用的增值税征收方式。

正是征收增值税过程中采用税额抵扣法，才可以将产业间的投入产出关系转化成销项税额与进项税额，进而利用产业间的投入产出关联测算产业间的销项—进项关联。如果增值税不采用税额抵扣法作为计税方式，产业间的税收关联可能就会停留在理论上并难以测量。至于如何将行业间投入产出关系转化成销项—进项关联，以及如何测量这种税收关联特征，则需要结合投入产出表以及行业增值税税基的测算方式进行详细分析。

（二）产业间的销项—进项关联

通过计算行业增值税应纳税额，可以清晰地呈现行业间的销项—进项关联。对应增值税税基的计算方式，估算行业的增值税税基有两种方法：生产法和消费法（Pellechio 和 Hill，1996）。生产法以行业产出为基础，通过调整免税、进口、出口、零税率等因素测算税基；消费法则以各部门对产品服务的最终消费为基础，通过调整免税、零税率、进口等因素得到税基。对于测算行业税基而言，以投入产出表为基础利用生产法估算增值税税基的方式更加适用（姜明耀，2011）。利用生产法估算增值税税基的基本等式为：税基 = 总产出 – 中间投入 + 进口 – 出口 – 资本形成总额。对于行业而言，计算国内增值税税基不需要考虑进口因素，因此计算行业销项税额的应税销售额 = 总产出 – 出口 – 存货变化中不属于税基的部分[①]，对应到投入产出表中的总产出 = 中间使用 + 最终使用，其中最终使用包括消费、出口、资本形成总额等，调整后的应税销售额 = 中间使用 + 消费 + 资本形成总额 – 存货变化中不属于税基的部分，从而行业的销项税额 = 税率 ×（中间使用 +

---

① 存货变化中不属于税基的部分 = 存货变化 ×（总产出 + 进口 – 出口 – 免税销售额）/（总产出 + 进口）（胡怡建和李天祥，2011）。

消费+资本形成总额-存货变化中不属于税基的部分）。行业在购进中间投入及固定资产时会产生进项税，所以行业的进项税额＝税率×（中间投入+固定资产购置）①。

从销项税额与进项税额的计算式可知，一个产业的中间使用包含的增值税为其销项税额的一部分，该行业通过向其他行业销售商品和服务而产生了销项税额；中间投入中包含的增值税则构成了该行业的部分进项税额，这部分进项税额来自从其他行业购入的商品和服务。正是中间使用（中间投入）中包含的销项税额（进项税额）使得一个行业与其他行业产生了增值税上的关联，即一个行业的销项税额成为了其他行业的进项税额，而该行业的进项税额则来源其他行业的销项税额。从而产业间的投入产出关联转变成销项—进项关联。需要强调的是，中间使用（投入）环节所呈现的销项—进项关联并不是行业间全部的销项-进项关联，主要缺失的是购进固定资产所产生的增值税税收关联。因为 2017 年以前只针对设备、器具、工具等类型的固定资产征收增值税，并且只有制造业才会因销售固定资产产生销项税额，所以本书在 2017 年以前的制造业中间使用环节产生的销项税额中加上购进设备等固定资产所产生的增值税税收。因 2016 年"营改增"全面扩围，所有类型固定资产均可抵扣，所以 2017 年同样的数据调整会扩展至制造业、房地产业和建筑业。经过调整后的数据基本上反映了产业间所有的可测量的直接增值税税收关联。

利用投入产出表和各行业增值税税率可以直接测量出产业间的销项—进项关联。根据增值税计算方法，中间使用（中间投入）中包含的销项税额（进项税额）＝中间使用（中间投入）×增值税税率，从而可以根据投入产出表得到产业间的销项—进项矩阵表（见表 3-2）。由于同一个行业的产出适用相同的增值税税率，所以对投入产出表中每一行乘以相应的增值税税率便可得到每个行业中间使用部分包含的销项税额，即 $V_{ij} = X_{ij} \cdot t_i$，其中，$X_{ij}$ 为投入产出矩阵中的矩阵格值，t_i 表示 i 行业对应的增值税税率；矩阵格值 V_{ij} 表示产业之间的增值税税收关联，对于 i 行业而言，矩阵格值 V_{ij} 表示 j 行业为 i 行业贡献的销项税额，对于 j 行业而言，V_{ij} 表示为 i 行业为 j 行业贡献的进项税额。产业间因投入产出关系和

① 本书的增值税计算式未考虑免税问题。

购进固定资产而产生了增值税关联，销项—进项矩阵展示了一个量化的行业增值税税收关联。借助销项—进项矩阵，我们可以构建增值税税收网络，测量网络结构特征。

表 3-2　销项—进项矩阵

销项税额（中间使用）＼进项税额（中间投入）	部门 1	部门 2	…	部门 n
部门 1	V_{11}	V_{12}	…	V_{1n}
部门 2	V_{21}	V_{22}	…	V_{2n}
⋮	⋮	⋮	⋮	⋮
部门 n	V_{n1}	V_{n2}	…	V_{nn}

从社会网络视角来看，产业间的销项—进项关联是一种有向多值的税收关系。根据产业之间是否存在投入产出关系，可以判断出每两个产业存在三种基本的税收关系模式：一是互为销项进项关系，即 X 产业的销项是 Y 产业的进项，Y 产业的销项是 X 产业的进项，在图中用双向箭头线表示这种关系［见图 3-1（a）］；二是只存在单一关系，如 X 产业销项是 Y 产业的进项，但 Y 产业的销项不是 X 产业的进项，在图中用单一箭头线表示这种关系［见图 3-1（b）］；三是不存在直接税收联系，在图中 X 与 Y 之间不存在直接连接［见图 3-1（c）］。因为产业之间的销项—进项关联存在量上的差异，所以产业之间的税收关系是多值的，即一般情况下 $V_{ij} \neq V_{in}$（j≠n），从而产业间的税收关系也是多值的（见图 3-1）。产业间通过直接或间接的销项—进项关联构成了一个复杂的税收网络。为了将这种销项—进项矩阵中的税收关系转换成适用于社会网络分析的关系数据，首先需要将产业之间的税收关系完整地呈现出来，即既要反映产业之间的直接销项—进项关联，也要表达出产业之间的间接销项—进项关联。此时需要借助投入产出分析中的完全消耗系数和直接消耗系数。

二、销项—进项关联与税收收入关联的关系

在利用测量出的销项—进项矩阵进行网络分析之前，还需要对销项—进项关

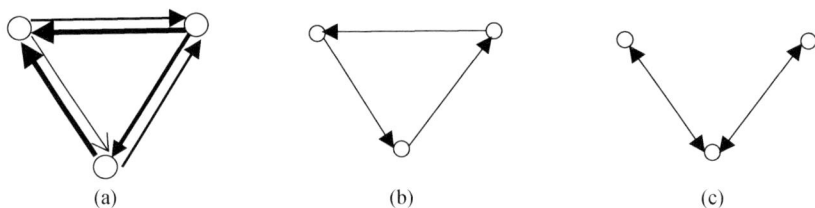

图 3-1　简单的税收网络

联的含义做进一步解释，以厘清增值税销项—进项关联与增值税税收收入关联之间的区别，同时阐述产业间的销项—进项关联对于研究增值税税收波动的意义。弄清楚这些问题有助于更好地理解销项—进项关联及其在网络分析中的作用。

（一）销项—进项关联与增值税税收收入关联的差异

销项—进项关联只是一个环节上的增值税税收收入关联。因为产业间关联的多维度特性，理论上可从无数个维度定义增值税税收收入关联，如既包括各行业在增值税税收收入的创造、征管、地域、部门、财务上的关联，也包括各行业在增值税税收收入创造过程中的生产销售环节、消费环节上的关联，即税收收入总量上的关联。本书所指的销项—进项关联仅指各行业的增值税税收收入价值量在生产制造业环节上的关联，这个过程只是产生增值税税收收入的一个环节，商品服务用于最终消费环节时也会贡献大量的增值税税收收入，但行业间的增值税税收收入在消费环节上的关联特征是一个比较复杂甚至难以确定的问题，引发的关注不多。正如前文所述，由于免税行业、固定资产处理等原因，本书无法给出每个行业增值税税收收入在总量上的精确关系，只能给出它们在生产制造环节的比较精确的量化关系。虽然销项—进项关联不能完全代替行业间的税收收入关联，但销项—进项关联又与增值税税收收入之间的关联紧密相关，一个产业实际贡献的增值税税收收入中，有相当一部分是由与其他产业相关的销项税额与进项税额决定的，这表明由产业间投入产出关系衍生而来的销项—进项关联在一定程度上能够代表产业之间的增值税税收收入关联。

（二）销项—进项关联反映了产业间的税收依赖关系

与孤立的税收收入份额只能反映每个产业自身的增值税税收收入数量特征不同，销项—进项关联的内涵更加丰富，它既表明了增值税税收收入来源不同环节的增加值，也体现了每个行业增值税税收收入的相互影响、相互依赖关系。对于增值税税收收入而言，销项—进项关联既是产生税收收入的一个重要环节，也是税负转嫁、税收冲击的重要渠道。由销项—进项关联构成的增值税税收网络，为审视产业间在税收收入上的相互影响和依赖，提供了更加立体的视角，这也为判断制造业的税收位置提供了新的依据。

增值税税负的转嫁、税收政策调整、技术变革、分工变化等因素对增值税收入的影响都是通过这个关系网络进行传递的，其最终结果表现为每个行业税收收入份额的再分配。从税负转嫁来看，作为易转嫁税种，产业之间的关联正是增值税税负转嫁的渠道，增值税随着上游产业的销项税额变成下游产业的进项税额而实现了产业间的税负转嫁，[①] 经过产业间直接或间接地转嫁，最终确定了增值税税负在不同行业之间的最终归宿。与税负转嫁相似，增值税税率调整对税收收入、税收负担的影响，也是通过不同产业之间的传递来实现的，当然税收政策调整本身也会改变产业间的增值税关系，这种政策调整可能是局部调整也可能是全面调整，但最终都会通过产业间的税收关联而不断放大，产生影响税收收入的乘数效应。随着产业间技术经济联系的改变，如分工的细化、生产效率提升、技术进步等，产业间投入产出关系的变化会导致产业间的增值税税收关联发生变化，从而对整个增值税税收关系以及每个产业的增值税收入产生影响。

那么在这种关联网络或者是关联效应中，不同产业之间是否也存在差异呢？可以肯定这种差异必然存在，一些行业在关联网络中发挥着更加重要的作用，但与税收收入份额不同的是，与其他产业之间的税收关联才是衡量一个产业网络位置的重要指标。如前文所述，税收收入只是产业之间互动关系的结果，在关联网络中占据关键位置的产业在网络中地位更高，始于这些产业的冲击对整个网络的影响也更大。同时，网络位置也会影响产业行为，如产业之间的税负转嫁。具有更好网络位置的产业能够利用位置优势，将自身的税负保持在一个相对理想的水平。如何识别产业的网络位置以及整个关联网络特征就涉及社会网络分析，首先需要做的便是将产业之间的销项—进项关系转化为适用于网络分析的关系数据；

---

①　利用投入产出表分析增值税税负转嫁时，一般假设税负向后转嫁（平新乔等，2009）。当然，行业之间的增值税的影响也存在向前关联的影响，但效应要小于前向效应（刘元生等，2019）。

其次利用社会网络分析中的相关模型分析个体及网络的结构特征；最后通过这种网络分析我们可以确定整个增值税税源结构的总体特征以及每个产业的位置，识别出税源结构的变化趋势以及关键的税源，并在此基础上判断和评价产业发展和制度变革对税源结构的影响，这种影响最终也会反映到对整体税收收入的影响上来。

第三节　构建增值税税收网络

确定产业间销项—进项关联之后，还需要对关系数据做进一步处理，构建适合网络分析的增值税税收网络 G（N，L）。本节不仅解释了为什么已经拥有了销项—进项矩阵，还需要进一步构建新的矩阵用于网络分析；还介绍了构建增值税网络的阈值法及关系数据标准化过程。构建网络有多种方法，但本质上都是将关系数据进行简化以突出网络的主要特征并可用于网络分析。构建网络只是对已有的数据进行简化处理，是网络分析的一个基础阶段，其本身并不具有特定的网络分析含义。最终的网络呈现方式是记录二值有向数据的邻接矩阵，这与销项—进项矩阵有很大的区别。

一、利用阈值法构建增值税税收网络

构建增值税税收网络包括两个方面：一是确定网络中的节点 $\{n_1, n_2, \cdots, n_g\}$；二是确定网络中的边 $\{l_1, l_2, \cdots, l_L\}$。对于增值税税收网络而言，节点就是国民经济中的各个行业，边是指行业之间的销项—进项关联。销项—进项矩阵已经给出了一个基础的增值税网络，但仍需要对这个网络中的原始关系数据作进一步处理。这一方面是因为销项—进项关联矩阵只是呈现了最原始的关系数据，对于税收关联的相对重要性和主要税收关联突出不够，只针对原始数据进行网络分析会增加网络的复杂性，不能突出网络的主要结构特征；另一方面在于网络分析技术的限制，大部分的网络分析指标只能处理二值网络数据，利用多值数据测量网络特征的技术还不够成熟。在后文的实证分析中，主要以处理后的网络数据为主，但涉及一些基本指标统计时也会使用由销项—进项矩阵呈现的多值关系数据。

构建增值税税收网络的本质是对销项—进项矩阵中的关系数据进行二值化处理，保留相对重要的关系数据，从而构建一个适用于网络分析的邻接矩阵。现有的简化处理方法有三种：一是直接在原关系数据中选取平均值、分位数等数值作为阈值，保留大于阈值之上的关系数据，并统一设为1，其余关系数据设为0；二是先选择一个标准对关系数据进行标准化，然后再采取阈值法，保留那些超过阈值的关系；三是对关系进行排名，如对节点 n_i 与节点 n_j（$j=1$，2，3，…，k）的关系总和（$n_{ij}+n_{ji}$）进行排名，保留节点 n_i 所有关系总和中排名位居前列的关系节点（Zhou 等，2016）。在这三种方法中，第一种方法会保留那些交易量比较大的行业，较小的行业容易被忽视；第二种方法与第一种方法相反，一些重要的行业可能每个交易关系比例都不高，而边缘行业可能主要跟核心行业有交易，这导致重要行业的交易关系可能会被排除掉；第三种方法相对全面，保留了所有行业的同时也能保留重要关系，但是这种方法更适用于贸易网络的等级划分。

本书将结合第一种方法和第二种方法，通过设置阈值将一些不重要的关系排除掉。之所以采取阈值法在于本书的研究对象主要是针对制造业，制造业作为较大的行业之一，这种阈值法不会对制造业的关系网络产生较大影响。同时，为突出每对关系对于一个节点的重要性，本书也会对关系数据进行标准化，进而通过设置阈值去除一些重要性较弱的关系。

二、关系数据的标准化

关系数据的标准化主要有三种方法：纵向标准化、横向标准化和整体标准化。学者利用社会网络方法研究产业结构时，最常见的是利用直接消耗系数矩阵（杜华东和赵尚梅，2013）和完全消耗系数矩阵构建产业网络（李仙德，2016）。根据前文所述，直接消耗系数（$a_{ij}=x_{ij}/x_j$）是一种纵向标准化的方法，直接分配系数（$r_{ij}=x_{ij}/x_i$）则属于横向标准化。与原始网络数据不同，消耗系数矩阵中的关系数据体现了关系的重要性，如直接消耗系数矩阵中的 a_{ij} 体现的是 i 行业与 j 行业的进项关联在 i 行业所有进项关联中的重要性。国际贸易研究领域更多使用总体标准化的方法，将两国之间的贸易总量进行标准化，分子是两国的贸易总量（$n_{ij}+n_{ji}$），分母可以是网络中最大贸易量的比重 max（$n_{ij}+n_{ji}$）（这种一般比较常见），也可以是全网络贸易总量 Σ（$n_{ij}+n_{ji}$）。本书将采用横向和纵向标准化的方法处理关系数据，因为本书考察的增值税关联主要是销项关联与进项关联，重点是去掉对于一些行业不是很重要的销项关联和进项关联。强调总量标准化会消除销项关联与进项关联的区别，无法从点出度和点入度这些方面去判断一个行业的网络位置。

在对关系数据进行标准化时，有两种考虑：一种是借鉴直接消耗系数和直接分配系数的形式进行标准化；另一种是借鉴完全消耗系数和分配系数的方式进行标准化。本书将参考直接消耗系数的方式，理由有两点：一是完全系数（完全消耗系数和完全分配系数）指代的是产业间的完全联系，包括了直接联系和间接联系，如果利用完全系数的方式构建网络则无法再解释网络中存在的间接联系；二是在投入产出表中，可利用直接系数构建完全系数，但对于税收关联而言并不存在相应的计算式。因此，本书将销项—进项矩阵标准化为类似消耗系数矩阵、分配系数矩阵的矩阵，相应称之为"增值税进项系数矩阵"（P_n）和"增值税销项系数矩阵"（O_n）。销项—进项矩阵中的数值反映的是产业间的税收关联数值，并不能代表产业关联对于一个行业销项和进项的相对重要性，P_n 和 O_n 中的关系数据则弥补了这一缺陷，从销项和进项两个角度体现了一个行业的每一个税收关联相对于该行业的重要性。

构建两个增值税系数矩阵需要计算销项—进项矩阵中各行业的销项税额总和与进项税额总和[①]，式（3-3）表示的是行业 i 的销项税额总和，式（3-4）表示的是 i 行业的进项税额总和。

$$销项税额总和 = \sum_{j=1}^{n} V_{ij}(i = 1,2,3,\cdots,n) \qquad (3-3)$$

$$进项税额总和 = \sum_{i=1}^{n} V_{ij}(j = 1,2,3,\cdots,n) \qquad (3-4)$$

增值税进项系数矩阵中的数值 P_{ij} 表示 i 行业的进项税额中 j 行业贡献的份额，计算式为：$V_{ij} / \sum_{i=1}^{n} V_{ij}$，即 i 行业每产生一单位进项税额需要 P_{ij} 单位 j 行业的

---

① 需要再次强调的是，此处所指的进项税额总和包括了一个行业所有的进项税额，但销项税额总和只包括中间使用环节所产生的销项税额。

销项。增值税销项系数矩阵中的数值 O_{ij} 表示 i 行业的销项税额中 j 行业贡献的份额，计算式为：$V_{ij} \big/ \sum_{j=1}^{n} V_{ij}$，即 j 行业每产生一单位用于中间使用的销项税额，需要 i 行业 O_{ij} 单位的进项税额（见表 3–3、表 3–4）。

表 3–3　增值税进项系数矩阵（P_n）

销项税额（中间使用）／进项税额（中间投入）	部门 1	部门 2	…	部门 n
部门 1	P_{11}	P_{12}	…	P_{1n}
部门 2	P_{21}	P_{22}	…	P_{2n}
⋮	⋮	⋮	⋮	⋮
部门 n	P_{n1}	P_{n2}	…	P_{nn}

表 3–4　增值税销项系数矩阵（O_n）

销项税额（中间使用）／进项税额（中间投入）	部门 1	部门 2	…	部门 n
部门 1	O_{11}	O_{12}	…	O_{1n}
部门 2	O_{21}	O_{22}	…	O_{2n}
⋮	⋮	⋮	⋮	⋮
部门 n	O_{n1}	O_{n2}	…	O_{nn}

三、反映增值税税收网络的邻接矩阵

销项—进项矩阵经过标准化和阈值截取处理后，原来的多值关系数据转化成二值型关系数据。如前文所述，记载这类数据的矩阵被称为邻接矩阵 T_n（见

表3-5）[①]。T_n所指代的二值有向增值税税收网络也是本书进行网络分析的主要对象。同时，本书在相关章节中会结合具体问题简要描述所构建的邻接矩阵特征。此外，在一些基本网络特征中也会从销项—进项矩阵中获取。

表 3-5　增值税邻接矩阵

$$\begin{vmatrix} T_{11} & T_{12} & \cdots & T_{1n} \\ T_{21} & T_{22} & \cdots & T_{2n} \\ \vdots & \vdots & \ddots & \vdots \\ T_{n1} & T_{n2} & & T_{nn} \end{vmatrix}$$

本章小结

　　本章阐述了增值税税收网络的构建方法，从投入产出关联和增值税征收机制出发，阐述了产业间增值税税收关联的形成机制和测量方法，本书称这种增值税税收关联为销项—进项关联。产业间的投入产出关系和增值税抵扣机制设计，是产业间形成销项—进项关联的基础，对于这种税收关系的量化测量也是基于投入产出表才得以实现的。随后本章以销项—进项为基础，基于阈值法构建了一个适用于网络分析的二值有向增值税税收网络。

　　在阐述完税收关联以及网络分析的具体含义和意义后，本书将利用社会网络分析法对增值税税源结构进行剖析，以确定制造业在增值税网络中的位置和变化特征。后文的结构分析主要分为两部分：第一部分是将增值税税收网络作为一个整体网，从密度、关联度、互惠性、子群、聚类等角度分析增值税税收网络的整体结构特征，在此基础上了解制造业是如何嵌入整个增值税网络的，即了解制造业的关联度、中心度等网络特征，并寻找与制造业在增值税税收网络中属于同一群体或类别的行业。以此判断制造业的网络地位和作用是否下降。第二部分是将制造业本身作为一个网络，研究由制造业二级行业构成的制造业增值税网络结构特征，了解整个行业的关联特征、群体分布、角色等，分析制造业内部的变化情况。

———————————

　　① 本书将针对销项与进项分别构建两个邻接矩阵，此处为简洁表达，只展示一个矩阵。

第四章　制造业的网络位置

本章将利用前文讨论的社会网络分析框架，从宏观、中观、微观三个层次解析增值税税源结构。通过分析增值税税收网络的宏观结构特征、次级结构特征，描述我国增值税税源的结构特征属性及变化趋势。这两部分的分析揭示了制造业在网络中所面临的外部环境，发现外部环境塑造并影响着制造业的网络位置。此外，笔者分析了制造业的税收关联特征及其变化趋势、制造业与其他行业的关联情况，以及税收关联对其他行业形成的税收影响力和拉动能力，进而明确了制造业在增值税税源结构中的位置，并回应了制造业税收地位是否下降的争议。

第一节　数据来源及处理

在投入产出表中，产业间的直接投入产出关联反映在中间使用（投入）上，利用税率乘以中间使用得到的销项税额便是各个行业投入产出关联中所包含的税收关联。在计算销项税额时，需要提前对数据进行两项处理：一是将含税价格转为不含税价格，因为投入产出表中的数据均是税后价格，计算销项税额时需要先完成价格转换；二是汇总销售固定资产所产生的销项税额，制造业等行业的产品会成为固定资产并产生销项税额，但投入产出表并不会反映各行业购进或出售固定资产的情况。所以，在利用投入产出表计算出各行业的销项税额之后，制造业等行业还需要加上销售固定资产所产生的销项税额，从而计算出这些行业在中间环节形成的所有销项税额。各行业购进固定资产所产生的增值税可利用国家统计局公布的各行业固定资产投资额数据计算。根据国家增值税政策实际执行情况，

2015 年及以前的数据只考虑制造业销售设备、工器具等固定资产产生的销项税额，2017 年的数据会进一步纳入建筑安装工程所产生的销项税额。①

在获取关系数据的过程中，还有两个处理细节需要予以说明：一是统一不同年份投入产出表的行业口径。由于投入产出表并非逐年公布，本书选择了 2007 年、2010 年、2012 年、2015 年、2017 年的数据计算销项税额，这些年份正好涵盖了"营改增"的起始与结束阶段。在行业统计口径上，相邻年份的投入产出表公布的行业数据有很大差距，这些差距既有统计口径的调整引起的行业细微调整，也有公布投入产出表的规律性。如 2017 年的数据非常细，共涉及 149 个行业的投入产出数据，而 2015 年的数据只包括 42 个行业，2012 年的数据比 2015 年的数据要细化很多。为了将行业口径统一，本书以《中国统计年鉴 2018》中公布的口径为参考标准，将所有投入产出表的行业归并成 19 个行业，将行业的级别统一维持在二位码上。此外，为了表达简洁，笔者简写了各行业的名称。具体的行业分类如表 4-1 所示。

二是确定二级行业的增值税税率。因为增值税存在多档税率，一些二级行业的三级行业可能涉及不同的税率，需要统一确定每个二级行业的税率。笔者采用加权法计算了二级行业的增值税税率，根据投入产出表中提供的细分行业增加值数据，利用三级细分行业增加值比重作为该行业的税率权重，再加总其他细分行业的权重税率得到二级行业的增值税税率。因为 2010 年、2015 年只公布了二级行业的投入产出数据，这些年份部分行业的税率则沿用其上年的增值税税率。此外，还涉及一些行业税收政策在某年调整的问题，如 2017 年 7 月 1 日开始的增值税税率调整，本书按照月份比重计算不同月份税率的权重，确定整个行业加权税率。同时，对于交通运输业以及部分现代服务业在 2012 年分区域逐步实现"营改增"导致的增值税税率不统一问题，确定统一的行业税率过于复杂，因此，笔者利用这些行业 2013 年的增值税税率代替 2012 年的增值税税率。之所以采取这种税率替代方式的主要原因在于行业间的投入产出关系拥有一定的稳定性

---

① 全社会固定资产投资中的其他费用也会产生增值税，但由于难以区分行业，并且大部分均为购买土地所产生的费用，对行业的销项税额影响较少，所以本书在实际计算过程中并未考虑这一部分的销项税额。

（聂海峰和刘怡，2011），2012年的投入产出关系与2013年的投入产出关联差别不大，据此计算的税收关联也具有一定的稳定。最终确定的各行业税率如表4-1所示。

表4-1 各行业的增值税税率

原行业名称	简写后的名称	2017年	2015年	2012年	2010年	2007年
农林牧渔业	农林牧渔	0	0	0	0	0
采矿业	采矿业	0.161	0.161	0.160	0.159	0.156
制造业	制造业	0.167	0.167	0.168	0.167	0.168
电力、热力、燃气及水生产和供应业	电热燃水	0.130	0.130	0.130	0.130	0.130
建筑业	建筑业	0.110	0	0	0	0
批发和零售业	批发零售	0.170	0.170	0.170	0.170	0.170
交通运输、仓储和邮政业	交通仓储运输	0.110	0.110	0.110	0	0
住宿和餐饮业	住宿餐饮	0.060	0.060	0	0	0
信息传输、软件和信息技术服务业	信息软件	0.068	0.068	0.068	0	0
金融业	金融业	0.060	0	0	0	0
房地产业	房地产	0.110	0	0	0	0
租赁和商务服务业	租赁商务服务	0.064	0.060	0.060	0	0
科学研究和技术服务业	科技服务业	0.060	0.060	0.060	0	0
水利、环境和公共设施管理业	水利公共设施	0.060	0.060	0.060	0	0
居民服务、修理和其他服务业	居民服务业	0.060	0	0	0	0
教育	教育	0.060	0.060	0.060	0	0
卫生和社会工作	卫生社保	0.060	0.060	0.060	0	0
文化、体育和娱乐业	文化娱乐	0.084	0.084	0.084	0	0
公共管理、社会保障和社会组织	公共管理	0.060	0.060	0	0	0

注：由于数据的可获得性，本书未考虑更加细化行业或者领域的税率不同、税收优惠等问题，这种考虑对总体的分析结果并不构成较大影响。

第二节 增值税网络的整体结构特征

网络的整体结构特征主要指规模、密度、距离、关联度等。与传统收入份额代表的税源结构相比，社会网络分析对于税源结构整体特征的测量，主要依赖于产业间的税收关联，通过税收关联在不同行业的分布特征判断整体的结构特征。为从不同的角度呈现增值税税收网络的结构特征，本节的测量将基于两个网络：一个是呈现完整关系特征的网络；另一个是只保留较高关联强度的强关联网络。

一、增值税税源规模显著增加

增值税税源网络的基本结构特征变化趋势如表 4-2 所示。总体来看，"营改增"全面扩围，极大地增加了增值税税收网络中的税收关联数量，产业间的税收关联强度也呈明显的增强趋势。随着税收关联数量和强度的不断提升，增值税网络整体上的密度以及互惠性都有大幅度的提高，增值税税源形成了一个相对完整的网络。从结构上来看，增值税税源从一种失衡走向另一种失衡，税收关联虽然不再是单一方向上的关联，但产业间的税收关联强度差异呈现扩大趋势，高强度的税收关联主要集中在少数行业。对于制造业而言，增值税网络的这种改变会影响制造业在网络中的地位和作用，它在削弱制造业影响力的同时，也增加了制造业的增值税税收拉动能力。

表 4-2 增值税网络的整体特征

年份	2007	2010	2012	2015	2017
行业数	19	19	19	19	19
关系数	70	70	142	178	324
关联度	0.211	0.211	0.421	0.526	0.947
密度	0.205	0.205	0.415	0.521	0.947
平均路径长度	1.028	1.028	1.014	1.011	1.000
平均点度	3.684	3.684	7.474	9.368	17.053
最大度数	18	18	18	18	18

年份	2007	2010	2012	2015	2017
互惠性（％）	17.1	17.1	39.4	49.4	94.4
传递性（％）	16.49	16.49	38.56	48.91	94.44
平均销项（亿元）	74.471	137.703	166.893	218.860	266.216
最大销项（亿元）	5225.447	12361.828	10680.635	14965.300	15384.532
最小销项（亿元）	0	0	0	0	0
标准差	413.217	853.494	829.818	1048.389	1101.061

注：①由于现有网络软件计算上的差异，一些指标采用了不同类型的数据计算得来。关系数、平均数、最大销项、最小销项是根据原本的销项—进项多值数据计算，密度等其他指标是根据二值数据计算。这类二值数据的处理方法忽略了关系数值的差异，将存在关系数据记为1，不存在关系数据记为0。这种处理方式既能计算出相关整体特征指标，又不影响对网络特征的判断。②互惠性等于互惠连接与现有连接之比。③传递性等于传递性三元组除以所有三元组。

（一）"营改增"显著提升了增值税税收网络中的关联数量

"营改增"显著提升了增值税税收网络中的关联数量，将增值税税源中大部分行业间的单向税收关联变成了双向税收关联（销项—进项关联），几乎所有行业都被完整地纳入增值税税收网络中，整个增值税税源结构趋于完整。在2012年推行"营改增"之前，我国只对制造业、采矿业、电热燃水以及批发零售业4个行业征收增值税，其余15个行业销售的产品或服务不会产生销项税额，但从应税行业购进产品或服务时要承担无法转嫁的进项税额，实质上它们也是增值税税源的一部分。从社会网络视角来看，因为存在大量免税行业，整个网络中关系数量非常少且大部分关系是由应税行业发出的单向销项关联。从表4-2可知，2007年、2010年的关系数据统计显示，4个应税行业与15个免税行业共产生了70个税收关联，其中，双向关联只有12个，单向关联58个。整个增值税网络呈现非常明显的核心—边缘结构，应税行业居于网络的中心，是贡献税收收入的主要行业，并且单向关联也赋予它们在税负转嫁上的主导地位。免税行业处在网络的边缘，它们也贡献了少部分增值税税收收入，但由于不能产生销项税额，这部分税收收入也相当有限。总体来看，由于"营改增"前大量免税行业的存在，我国的增值税税源结构非常不均衡，免税行业对增值税税收收入的贡献也非常有限。随着"营改增"的逐步扩围，我国基本实现了增值税的全覆盖。从出度（销项税额）来看，"营改增"扩围至免税行业，这些行业将产品或服务销售到其他行业时便产生了销项税额，加上原本就存在的进项税额，使免税行业与其他行业建立起双向的税收关联，同时这些免税行业之间也建立了新的进项税额和销项税额关联。截至 2017 年，除了第一产业（农林牧渔）因免税未能与其他行业建立销项税额关联外，其他行业均实现了销项税额——进项税额的双向关联，19个行业共产生了 324 个税收关联，较 2007 年增长了近 4 倍。随着税收关联的增加，产业间的税收距离也在逐步减少，平均路径长度从 2007 年的 1.028 降低到 2017 年的 1，这说明几乎所有的产业之间都实现了两两直接相连。平均点度的数据也印证了关系数量的增加，2007 年每个产业平均拥有的税收关联行业不到 4 个，到 2017 年上升到 17.053 个。税收关联数量的增加显著扩大了增值税税源的规模，基本上所有免税行业都能通过销项产品服务贡献增值税税收，而不是仅仅被动地通过购进产品或服务贡献税收收入，在增值税税收网络中每一条增加的税收关联都是一条新增的税收收入管道，税收关联的增加极大地增加了增值税税收收入规模。

产业之间的增值税关联强度也呈现不断上升的趋势。关联强度是衡量网络发展程度的另一个指标，关联强度越高表明行业间的税收关联越紧密。增值税网络中的最大销项税额由 2007 年的 5225.447 亿元增长至 2017 年的 15384.532 亿元，平均销项税额由 74.471 亿元增长至 266.216 亿元，二项指标均增长了 1 倍以上，其中最大销项税额来自制造业对制造业的投入。最大的销项关联除了 2010 年是采矿业与制造业的销项关联之外，其余年份均为制造业与建筑业的销项关联，这表明与工程建设、房屋建设相关的工业生产活动一直是增值税税收收入的最大直接来源。平均关联强度的提升有两方面的原因：一是税收关联数量增加，在网络数据中如果行业间没有税收关联，税收关联强度记为 0，所以在行业数量不变的前提下税收关联数量增加必然会增加平均税收关联强度；二是一些原有税收关联强度随着经济活动规模的扩大而不断增强，如最大销项关联的增加。

增值税税收网络的密度也随着税收关联数量和强度的增加而显著提升。根据网络密度的定义，税收关联数量和强度的提升必然意味着网络密度的提高。首先考虑忽略税收关联强度的网络密度，2007 年所有行业间建立的税收关联占可能最大关联的比例仅为 0.205；网络的稀疏性随着"营改增"的逐步扩围得到了显著改善，到 2015 年网络密度已达到 0.521，到 2017 年网络密度接近 1，这说明 2016 年征收增值税的金融业、建筑业、交通运输业、生活服务业①与其他行业存在广泛的增值税关联，"营改增"扩围至这四个行业极大地提升了行业间的税收关联状况。在社会网络分析提供的多值网密度计算公式中，密度实际上就是平均关联强度，因而平均销项税额的变化趋势就代表了增值税税收网络的变化趋势。如前文所述，增值税税收网络的密度随着"营改增"和经济规模的扩大而显著提升。增值税税收网络密度增加表明增值税税源规模不断扩大，税收关联数量增加让增值税税收收入来源更加多元化，税收关联强度提高显著增加了增值税税收收入总量。同时，增值税税源结构也变得更加复杂，一方面增值税税负归宿随着税收关联数量的增加变得更加难以界定；另一方面税收收入波动在增值税税收网络中的传播速度变得更快、影响范围变得更广，一个行业的税收收入波动很可能对全网络产生影响，在完整的增值税税收关联建立之前，这种影响往往是局域性的。

（二）税源结构从一种失衡到另一种失衡

税收关联数量和强度的增加在提升整个增值税税源规模的同时，也逐渐改变了整个税源结构的稳定性。若不考虑关系强度因素，网络中的互惠性显著提高，这意味着网络稳定性增强。互惠性一般用来衡量个体之间关系的平等性，互惠性越高的网络越平等，不存在严格的层级划分；互惠性越低的网络意味着不平等的关系越多，网络大多数个体可能被少数个体支配。2007 年，在网络所有的对偶中，只有 17.1% 的对偶是互惠的，即任意两个行业之间存在销项—进项双向关联的组数只占 17.1%，大部分行业与其他行业只是单向关联，甚至是没有关联。从网络演进理论来看，互惠性较低意味着网络非常不稳定。对于增值税税收网络而言，这种不稳定因素是因为单向关联增加了免税行业的税负。加上这些行业承担的营业税，过重的税负会影响微观经济活动，侵蚀增值税的税基，从而导致大量税源流失。随着"营改增"全面扩围，税收关联数量大幅增加，2017 年 94.4%

---

① 本书并未将生活服务业作为一个单独的二级行业看待，而是根据国家统计局的划分将其细分为几个二级行业。

的对偶是互惠的，这意味着至少从关系数量的角度来看，增值税网络中各个行业的税收地位基本上是平等的，行业之间可以进行税负的相互转嫁。销项—进项关联的普遍建立，不仅打通了增值税抵扣链条，也能够消除不同税制对微观经济活动的影响，减少因税制差异而导致的税源流失问题，从而使整个税源结构趋于稳定。

2007～2018年，增值税税收关联强度标准差不断上升，从413.217上升到1101.061，这表明增值税税源结构可能从一种失衡走向另一种失衡。虽然"营改增"在税收关联数量上使整个税收网络趋于完整，但税收关联强度的分布变化趋势却表明，网络中税收关联的强度分化较为严重，整个增值税税源对于一些重要产业之间的税收关联依赖性更高，核心产业在税源结构中的地位更加重要。与此同时，大部分行业之间的增值税税收关联都比较弱，对税收收入的贡献度不够高。这种强弱差距意味着增值税税源结构面临着一种新的失衡。

（三）税收关联模式变化对制造业税收地位的影响

随着"营改增"的逐步扩围，增值税网络整体上呈现关系数量上升、密度不断增加、网络结构趋于均衡的特征。对于制造业而言，网络整体结构的变化明显改变了制造业嵌入增值税网络的方式。一是制造业入度（进项税额）的增加，因为增值税基本上实现了全行业的普及，制造业与之前的免税行业建立了销项—进项双向关联。在网络中，入度的增加意味着行业重要性的提升，更多的行业需要依赖制造业转嫁本行业的增值税税负。对于制造业本身而言，更多的进项税额意味着在销项税额不变的情况下制造业贡献的增值税税收收入会下降。二是对于制造业的邻域——其他行业而言，关联数量的增加（特别是免税行业的销项税额）意味着这些行业的影响能力在不断提升，同时之前一些需要制造业才能与其他行业建立增值税关联的行业，在"营改增"之后可以直接与这些行业建立税收关联并相互转嫁税负。制造业自身连接以及邻域中其他行业连接的变化，势必会对制造业个体网以及制造业在增值税网络中的位置和权力产生重要影响。在不考虑关系强度等因素的影响下，可以预计的是制造业在网络中的影响力会被其他行业上升的影响力所削弱，制造业不再是仅有可以向其他行业转嫁税负的行业，新纳入征税范围的行业也可以向制造业转嫁税负，制造业在税收转嫁上的绝对支配地位明显下降。但这还不能断定制造业并不如以往那么重要，制造业在网络中的位置发生了什么样的变化以及制造业从属的次级结构是否变化，还需进一步分析。

二、强关联网络的结构特征

如前文所述，随着"营改增"扩围以及经济发展，产业之间的平均关联强度和最大关联强度都呈上升趋势，同时税收关联强度的变化趋势，呈现出网络结构从一种失衡转向另一种失衡。本节将专门研究网络中强税收关联的分布情况，指出强税收关联分布失衡的特征和原因。这种分析涉及重新构建增值税网络，即保留网络中较强的税收关联。

首先，笔者对关系数据进行了纵向和横向标准化，标准化后的数据反映了每个行业的销项税额（进项税额）中其他行业的占比情况（也包括该行业本身），即行业之间的税收关联在一个行业所有的销项关联（进项关联）中的重要性，数值越高的关联其重要性越强。其次，在标准化数据的基础上，为了便于分析网络的一些基本特征，笔者选择5%作为阈值对关系数据进行二值化，即产业之间税收关系小于0.05，则视为没有连接（弱连接）；大于或等于0.05，则表示产业之间存在税收连接。之所以选择0.05，是因为将这19个行业进行等分后的数值约为0.05（0.0526），① 如果一个行业的税收连接份额还达不到平均份额，就被视为关联强度较低的行业，二者之间的税收关联可以合理化忽略，以突出网络中的主要连接。最后，利用二值关系数据，笔者构建了两个增值税网络——销项网络与进项网络。销项网络以横向标准化数据为基础构建，用来反映一些销项关联强度高的税收关联构成的增值税网络；进项网络则是对税收数据进行纵向标准化的结果，用来反映一些重要的进项关联构成的网络。② 笔者称这种由强关系构造的网络为强关联网络，从税收的角度来看，这种强关联贡献了多数的增值税税收收入。强关联网络的总体结构特征如表4-3所示。

---

① 即使没有等分的考虑，一些文献也经常使用0.05作为阈值对关系数据进行二值化。

② 一些产业网络的构建并没有考虑这个问题，往往只利用纵向标准化或者横向标准化的数据。理想的结果是利用原有的销项税额（进项税额）数据直接构建网络进行分析，但现有的理论和数据方法并不支持这种理想式的网络构建。

表4-3 强关联网络的总体结构特征

年份	网络	行业数	关系数	密度	平均路径长度	平均点度	互惠性（%）
2007	原网络	19	70	0.205	1.028	3.684	17.1
	销项网络	19	7	0.097	1.278	0.368	28.6
	进项网络	19	36	0.105	1.524	1.895	11.1
2010	原网络	19	70	0.205	1.028	3.684	17.1
	销项网络	19	8	0.111	1.228	0.421	9.8
	进项网络	19	37	0.108	1.433	1.947	10.8
2012	原网络	19	142	0.415	1.014	7.474	39.4
	销项网络	19	21	0.146	1.447	1.105	9.5
	进项网络	19	47	0.137	1.516	2.474	12.8
2015	原网络	19	178	0.521	1.011	9.368	49.4
	销项网络	19	27	0.150	1.570	1.421	7.4
	进项网络	19	49	0.143	1.782	2.579	20.4
2017	原网络	19	324	0.947	1.000	17.053	94.4
	销项网络	19	68	0.210	1.924	3.579	25.7
	进项网络	19	70	0.205	1.812	3.684	25.7

（一）增值税税源中强税收关联占比较少

通过新构建的网络与原网络的对比可以发现（见图4-1、图4-2），在增值税网络中大部分行业之间的税收关联强度较弱，强度较高的税收关联较少，"营改增"在一定程度上增加了强税收关联的数量，但对强关联分布较少的格局影响不大。从表4-3可以看出，2007年行业之间的所有税收关联数量为70个，但是去掉5%以下的弱连接之后，销项网络只剩下7个税收连接，进项网络为36个。这表明最早纳入增值税征收范围的行业的销项税额非常集中，导致这些行业只与几个行业拥有较强的税收关联，与其他行业之间的税收连接非常弱，如制造业只与自身以及零售业有较强的税收关联，且制造业与自身的关联强度接近0.7。制造业大多数的税收收入源于自身的经济循环。强进项关联的比例相比销项关联的要高很多，超过一半的进项关联强度都比较高，主要原因在于应税行业有限，且免税行业与应税行业之间的进项关联强度都比较大。由于早期增值税涉及的行业较少，既有的税收关联中大部分为单向关联（网络的互惠性很低），这决定了增值税网络的密度较低，如销项网络的密度不足 10%（0.097），进项网络也只有0.105。这种稀疏的网络更多类似一些行业的个体网，虽然网络是围绕这些行业构建的，但这些行业邻域中的行业之间并不关联，这是导致网络关联数量少、密度低的主要原因，同时也决定了行业在网络中拥有绝对的影响力，但稀疏的网络也限制了这些行业的影响范围。

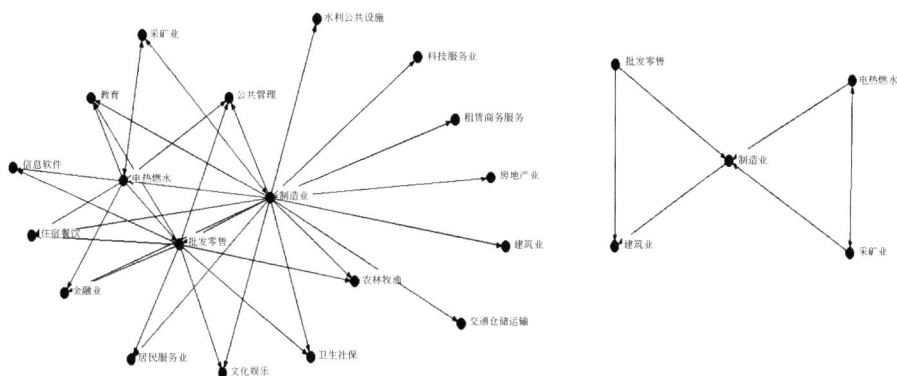

图 4-1　2007 年增值税网络强关联网络

随着"营改增"的逐步展开，产业间的税收连接开始增多，关联强度更高的连接也逐步增多，其中销项关联增长幅度最快，从 2007 年的 7 个增加到 2012 年的 21 个。进项关联则从 2007 年的 36 个增长到 2021 年的 47 个，增幅相对较小，但增加的关系数量与销项网络相等。这种增长趋势符合"营改增"的政策走向，因为更多的行业与其他行业产生了销项税额，同时每个行业的进项税额也随着销项税额的增加而增加。可以看出的是，这些新行业的销项税额分布相对平均，确保了大部分增加的税收关联强度都比较高。2015 年，由于"营改增"扩围的幅度放缓，网络关联数量的调整幅度并不大，相比 2012 年，销项关联只增加了 6 个，而进项税额仅增加了 2 个，这种变化可能是"营改增"行业数量增加与投入产出关系转变对冲的结果。税收关联数量变化最大的是在 2017 年，2016 年"营改增"的全面扩围，几乎所有行业都被纳入征收范围，直接结果是销项关联数量从 2015 年的 27 个增加到 2017 年的 68 个，进项关联数量从 2015 年的 49 个增长到 2017 年的 70 个。与之前的解释一致，销项关联与进项关联在数量上的增加差异表明新行业横向上的销项税额分布相对平均，这种平均也导致纵向上相当一部分的进项关联强度较弱，从而进项强关联数量增长有限。随着税收关联数量的增加，网络的密度也有了小幅的增长，2017 年，销项网络的密度增长至 0.210，进项网络增长至 0.205，密度的增加主要在于之前处于边缘性的一些行业之间建立了税收关联。与此同时，网络的互惠性也随着关联数量的增加而有所提高，这表明增值税网络正逐步走向均衡，由个别行业形成的局域网逐渐演变为整体网，越来越多的行业扮演着更加重要的角色。

虽然"营改增"导致产业间的税收关联数量大幅增加，但通过对比发现，增加的关联（销项关联和进项关联）大部分都是弱关联，到 2017 年的增值税税收网络中只有不到 1/4 的税收关联强度比较大。强税收关联占比较少说明整个增值税税源结构存在较明显的不均衡，从销项关联上看，大部分行业的销项税额都比较集中；从进项税额上看，大部分行业的进项税额也集中在少数几个行业。同时，我们也能观察到，强关联网络的密度、互惠性、点度等指标并不高，这进一步佐证了网络的不均衡特征，网络中行业之间的地位相差较大，一些行业仍处于绝对支配地位，支配着整个网络中大部分的销项税额和进项税额，虽然支配地位有所削弱，但影响力却随着网络规模的扩大而上升。

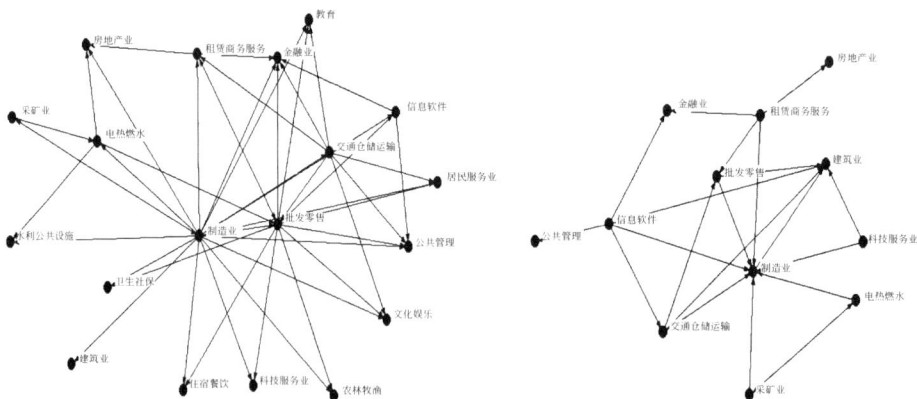

图 4-2　2012 年增值税网络强关联网络

（二）强销项关联的不均衡特征

在销项网络中，平均路径长度反映了产业之间的销项关联情况。根据表 4-3 所示，2017 年销项网络的平均路径长度从 2007 年的 1.278 增长到 2017 年的

1.924，这意味着网络中产业之间的税收关联随着网络规模的扩大而变长，每个行业平均需要通过一个行业才能实现与其他产业的销项税额关联。在强关联网络中，并不是每一个行业都能与其他行业拥有强销项关联。为了进一步研究强销项关联的分布情况，笔者构建了 2017 年的销项网络距离矩阵（见表 4-4）和销项网络图（见图 4-3、图 4-4），以分析销项网络中的行业税收关联结构并揭示增值税税源结构的不均衡特征。

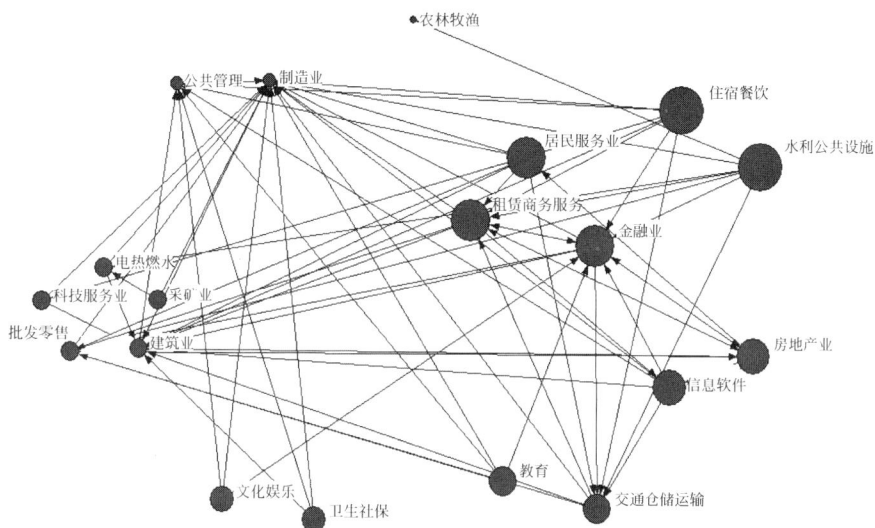

图 4-3　2017 年的销项网络（出度）

如表 4-4、图 4-1 和图 4-2 所示，销项网络中的连接呈现出明显的不对称特征，少数行业拥有较多的强销项关联，但相当一部分行业拥有较少或没有强销项关联，这种连接分布上的不对称性导致销项网络中很多行业无法直接相连，增加了网络的平均路径长度。在销项网络中有 8 个行业①与其他行业只有单向连接，即这 8 个行业与其他行业存在较强的销项关联，但没有任何行业与它们有强销项关联。居民服务业是与其他行业距离最远的行业，除了房地产行业能够直接与它产生销项关联外，其他大部分行业至少都需要经过 2 个行业才能与之相连，采矿

---

① 这 8 个行业分别为农林牧渔、采矿业、电热燃水、科技服务业、水利公共设施、教育、卫生社保、文化娱乐。

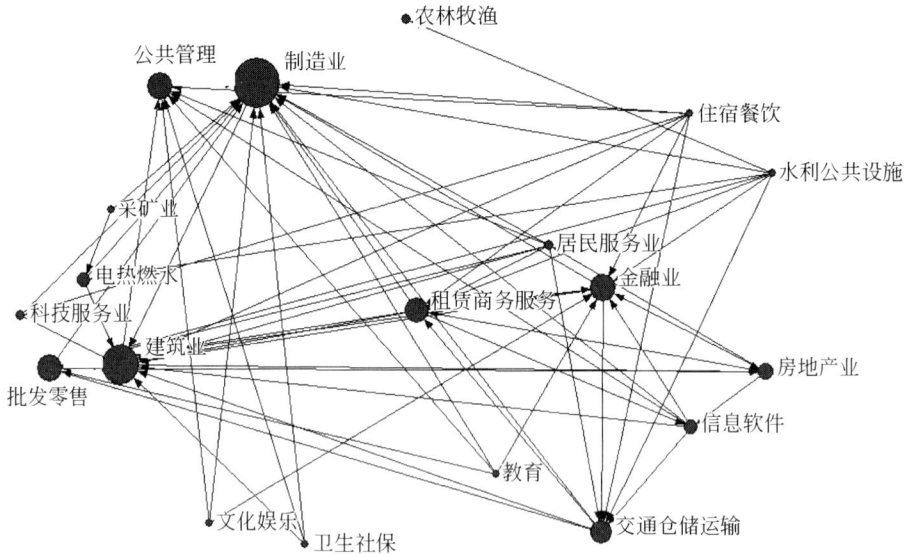

图4-4　2017年的销项网络（入度）

业和公共管理这2个行业则需要经过3个行业才能与居民服务业产生销项关联。这表明居民服务业等9个行业在几乎所有行业的销项税额中占比都非常低。与这9个行业形成鲜明对比的是制造业。制造业除了与建筑业有直接的销项关联外，与其他行业的销项关联都需要至少通过建筑业进行中转。虽然制造业与其他行业产生销项关联很困难，但大部分行业却能轻松地与制造业产生销项关联，有15个行业与制造业的销项距离为1。这说明制造业在大部分行业的销项税额中都有较高的占比，但其本身的销项税额却集中在少数行业。

表4-4　2017年的销项网络距离矩阵

行业代码①	1	2	3	4	5	6	7	8	9	10	11	12	13	14	15	16	17	18	19
1	0																		
2		0	1	1	2	4	5		4	4	3	4			4				3
3			0		1	3	4		3	3	2	3			3				2

① 行业代码：1表示农林牧渔、2表示采矿业、3表示制造业、4表示电热燃水、5表示建筑业、6表示批发零售、7表示交通仓储运输、8表示住宿餐饮、9表示信息软件、10表示金融业、11表示房地产业、12表示租赁商务服务、13表示科技服务业、14表示水利公共设施、15表示居民服务业、16表示教育、17表示卫生社保、18表示文化娱乐、19表示公共管理。

续表

行业代码	1	2	3	4	5	6	7	8	9	10	11	12	13	14	15	16	17	18	19
4			1	0	1	3	4		3	3	2	3			3				2
5			2		0	2	3		2	2	1	2			2				1
6			1		1	0	4		3	3	2	3			3				2
7			1		1	1	0		2	2	1	1			3				2
8			1		1	2	1	0	2	1	2	1	1		3				1
9			1		1	2	1		0	1	2	1			3				2
10			1		1	1	1		2	0	1				2				2
11			2		2	1	2		1	1	0	1			1				2
12			1		1	1	2		1	1	1	0			2				2
13			1		1	3	4		3	3	2	3	0		3				2
14	1		1	1	2	1	1		2	1	2	1		0	3				3
15			1		1	1	1		2	2	1				0				1
16			1		2	1	2		3	2	2	3			3	0			1
17			1		1	3	4		3	3	2	3			3		0		1
18			1		2	2	2		3	1	2	2			3			0	1
19			1		2	4	5		4	4	3	4			4				0

注：表中空格表示产业之间的税收是不可达的，数字表示产业间的距离长度。

　　为进一步展示行业之间的连接紧密程度，笔者构建了销项网络的连通度矩阵（见表4-5），连通度表明如果要切断一个点与其他点之间的连接，必须拿掉多少个点。从表4-5可以发现，许多行业要连接到制造业、建筑业、批发零售业都很简单，并且切断这些连接需要拿掉多个点，这表明这些行业与制造业、建筑业、批发零售业的销项关联强度很高且联系非常紧密，在销项上对这些行业依赖较高。特别是住宿餐饮业与制造业的连通度为7，即要阻止住宿餐饮业与制造业产生直接或间接的销项强关联，需要拿掉7个行业，这说明住宿餐饮业除了跟制造业有直接的强税收关联外，还与其他一些行业有着强销项关联，并且能够通过这些行业与制造业产生强销项关联，表现为在销项上对制造业的极强依赖性。但是制造业、建筑业、批发零售业等与其他行业的销项关联比较脆弱，只需要拿掉一个点就可以切断这些行业与其他行业的关联，说明这些行业拥有的强销项关联非常少，在销项上对大部分行业的依赖性很低。总体来看，第三产业更容易与第二产业产生销项连接，但制造业、建筑业等第二产业与第三产业的税收关联通道却十分有限。

表4-5　2017年销项关联网络中各行业的连通度

行业代码	1	2	3	4	5	6	7	8	9	10	11	12	13	14	15	16	17	18	19
1	0	0	0	0	0	0	0	0	0	0	0	0	0	0	0	0	0	0	0
2	0	0	2	1	2	1	1	0	1	1	1	1	0	0	1	0	0	0	1
3	0	0	0	0	1	1	1	0	1	1	1	1	0	0	1	0	0	0	1
4	0	0	2	0	2	1	1	0	1	1	1	1	0	0	1	0	0	0	1
5	0	0	2	0	2	1	1	0	1	1	1	1	0	0	1	0	0	0	2
6	0	0	2	0	2	0	1	0	1	1	1	1	0	0	1	0	0	0	1
7	0	0	4	0	4	3	0	0	2	2	2	2	0	0	1	0	0	0	2
8	0	0	6	0	4	4	0	0	2	3	3	4	1	0	1	0	0	0	4
9	0	0	5	0	3	3	0	0	0	3	3	0	0	0	1	0	0	0	3
10	0	0	6	0	6	4	3	0	2	0	3	0	0	0	1	0	0	0	3
11	0	0	5	0	5	5	3	0	2	3	0	4	0	0	1	0	0	0	3
12	0	0	6	0	6	4	3	0	2	3	3	0	0	0	1	0	0	0	3
13	0	0	2	0	2	1	1	0	1	1	1	1	0	0	1	0	0	0	1
14	1	0	6	1	6	5	4	0	2	3	3	4	0	0	1	0	0	0	3
15	0	0	6	0	5	4	3	0	2	2	2	3	0	0	0	0	0	0	3
16	0	0	4	0	3	3	2	0	2	2	2	2	0	0	1	0	0	0	2
17	0	0	2	0	2	1	1	0	1	1	1	1	0	0	1	0	0	0	2
18	0	0	3	0	2	2	2	0	2	2	2	2	0	0	1	0	0	0	3
19	0	0	1	0	1	1	1	0	1	1	1	1	0	0	1	0	0	0	0

注：表中的行业代码与表4-4相同。

销项网络的关联特征表明，强关系网络中关系之间的单向依赖性很强，关联过少以及分布的不对称性使网络中缺少必要的桥梁，这导致了较低的连通性和较长的连接距离。网络中存在支配性很强的产业，如制造业、建筑业等，大部分行业都与这些行业有较强的销项关联，说明制造业和建筑业对这些行业拥有很强的增值税税收收入拉动作用。但这些行业却不能对制造业税收收入产生太大的拉动作用，因为制造业并没有与这些行业产生很强的销项关联。同时网络平均路径过长让一些行业的中介作用凸显出来，其他行业必须通过它们才能与另一些产业实现强销项关联，这类行业在增值税网络中起着不可替代的作用。总体来看，销项网络结构存在明显的不均衡特征，制造业等行业的核心地位非常突出，对其他行业的销项税额具有较强影响。

（三）强进项关联的不均衡特征

在进项网络中，强进项关联同样呈现分布不均的特征。笔者参考销项网络构建了 2017 年的进项网络（见图 4-5、图 4-6）。销项网络是基于纵向标准化的数据构建的，它保留的是每个行业的重要销项关系。进项网络保留的是一个行业进项税额中占比较高的行业，在进项网络中如果一个行业出度越高就表明该行业拥有较多的强进项关联，其是许多行业的重要进项来源。

销项网络与进项网络最大的差异在于一些产业角色的改变。从图 4-5 可以看出，制造业、批发零售业、房地产业拥有很高的出度，这说明在许多行业中，来自这些行业的进项占比较高，它们的增值税税收负担受这些行业的影响较大。在进项网络中，建筑业变得非常边缘化，这说明对于大部分行业而言，建筑业提供的进项税额份额较小，但是来自建筑业的销项税额在很多行业的销项税额中比重却不低，这也诠释了建筑业在税收网络中拥有类似于产业结构中的下游产业地位，它们之间更多的是一种单向的销项联系。这也注定了建筑业在税负转嫁中处于相对被动的地位，建筑业只能被动接受来自其他行业的税负转嫁，却缺少可以转嫁自身税负的下游行业。图 4-6 所代表的入度展示了一个行业进项的分布情况，入度越低说明该行业的进项关联分布越集中，因为该行业只与较少的行业有强进项关联，进项依赖只集中在少数行业；反之，入度越高说明进项关联分布越分散。通过对比图 4-5 与图 4-6 发现，制造业虽然作为很多行业的重要进项关联行业，但是大部分行业却很难成为制造业的进项关联。而水利公共基础设施、金融业、教育、公共管理等行业的进项关联特征与制造业正好相反，这些行业本身出度较低，在大部分行业的进项税额中占比较低；但这些行业的入度较高，表明他们的进项关联分布比较平均。

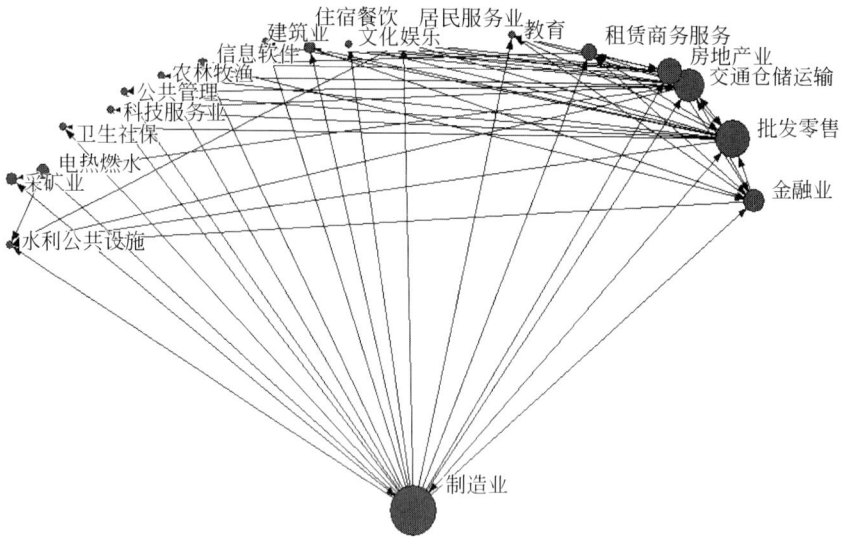

图 4-5　2017 年进项网络（出度）

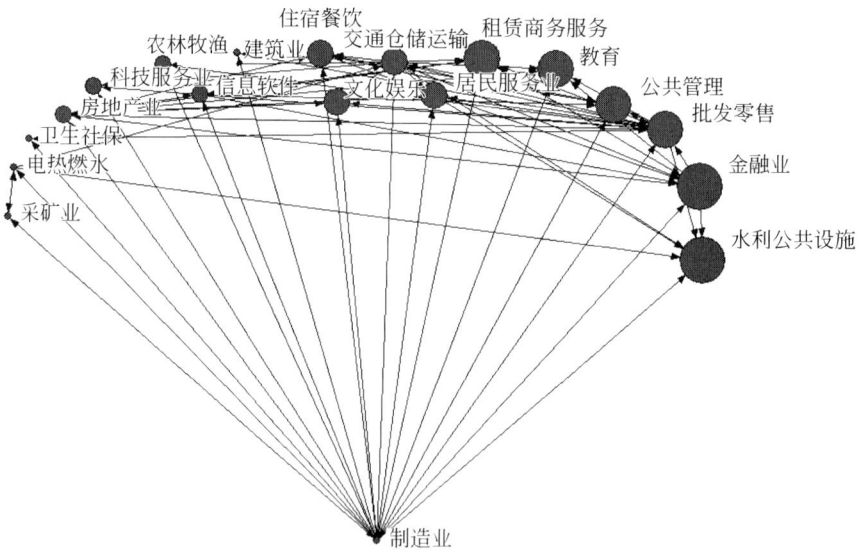

图 4-6　2017 年进项网络（入度）

总体来看，进项网络反映的强进项关联也表现出很明显的不均衡特征，一些行业在网络中占据很核心的位置（如制造业），对其他行业的税收影响较大；另一些行业则处在较边缘的位置（如建筑业），自身对其他行业的税收影响有限，但受其他行业影响较大；还有一些行业既不是其他行业的强进项关联，本身也未拥有较多的强进项关联，如采矿、卫生社保等行业。这类行业在增值税税源结构中作用单一，只与特定的行业拥有较强关联，它们对整个税源结构的直接影响有限。

（四）强税收关联是增值税网络的骨架

增值税强关联网络呈现出明显不同的结构特征。虽然"营改增"提高了网络的规模、密度和互惠性特征，但这种提升非常有限。整体来看，增值税强关联网络的关系数量仍然有限，去掉一些边缘行业之间的关系，这些指标会更小。支撑整个增值税网络的核心关系网络和核心关系非常小，一些重要行业之间税收关联贡献了大部分的税收，网络的骨干早在增值税设立之初就已经搭好，"营改增"更多的是在这个基础上添砖加瓦，让整个网络显得更加丰富、饱满。随着关系数量和网络密度的增加，产业之间的依赖性和影响力都在增加，但是网络结构也清晰地表明，如果抛开较弱的税收连接，由强关系构成的网络连通性比较差，产业间的税收联系平均需要通过一个产业作为中介才能实现连接，许多产业甚至无法形成税收连接，这也间接论证了弱关系在整个网络中的重要性。虽然弱连接贡献的税收收入有限，但它是促进整个网络有效循环的重要保障（保障抵扣链条的完整）。此外，在强关系网络中产业之间的地位或者角色差异非常明显，一些产业如制造业无论是在销项网络还是进项网络中都扮演着极其重要的角色，对整个网络的税收收入形成以及税负的转嫁发挥着举足轻重的作用；一些行业扮演着非常单一的角色，如建筑业拥有较多的强销项关联，但强进项关联却非常少；另一些行业如生活服务业等行业的强税收关联非常少，在网络中的作用微不足道。

三、增值税税源的整体结构特征

总体来看，增值税网络的整体结构具有以下特征：第一，随着"营改增"全面扩围，网络关系数量和网络密度都有了显著提升，特别是2016年的扩围使得整个网络的关系数量几乎扩大了1倍；网络的连通性也越来越好，接近完备图。除第一产业外，几乎每个行业都可以直接相互转嫁增值税税负。从这点来看，"营改增"的确打通了增值税抵扣链条，在相互抵扣上每个行业的地位是平等的。网络完备性的提升意味着制造业嵌入的环境更加复杂，制造业增值税税收收入对其他行业的波动变得更加敏感，几乎所有的行业都会影响制造业贡献的税收收入，并且这种影响在网络中传递的速度也越来越快，收入变动通过直接传递和间接传递所造成的影响也越来越大，一个小行业的微小税收政策波动很可能对制造业乃至全行业增值税收入造成很大影响。这种影响在"营改增"之前破碎化的增值税网络中很难实现。反过来，制造业的税收影响力也随着网络结构的丰富而显著增加。第二，虽然"营改增"提升了网络的完备性，无论行业大小都拥有了平等的抵扣机会，但是强关联网络的分析结果表明，支撑整个增值税网络的骨架仍然是小规模的，强关系网络非常稀疏，很多行业之间根本不存在销项（进项）上的强关联，一些行业通过强关联与其他行业产生连接，至少需要通过一个行业作为"中间人"，这不仅大大降低了增值税抵扣的效率，也突出了弱税收关联在税负转嫁中的作用。在增值税网络中，弱税收关联占绝大多数，正是这些绝大多数的弱关联保证了抵扣机制的完整性。第三，网络稀疏性意味着结构上的不平等，从强关联网络图中我们可以清楚地观察到一些行业处于整个网络的中心位置，对其他行业的销项（进项）有着很大的影响力；一些行业则处于中介位置，其他行业之间的很大一部分税负转嫁需要通过这些行业中转；部分行业则处在非常边缘的位置，虽然与其他行业之间存在税收关联，但强度都比较弱。在这样一个不平等和多样化的网络中，制造业一直处于网络的中心位置，与大多数行业有着紧密的销项关联和进项关联，以制造业为核心的几个税收关联一直是支撑整个网络的骨架，只不过在"营改增"之前和之后制造业发挥作用的方式以及扮演的角色有了细微的差别。可以肯定的是，"营改增"的确削弱了制造业的一些影响力或者重要性，但是也给制造业发挥影响力提供了更加广阔的空间。

第三节　增值税网络的次级结构

本节继续研究增值税税源的结构特征，并将视角聚集到网络的次级结构上，分析增值税税源中的税收集群。在整体结构特征中，可以清晰地观察到网络中的税收关联具有很强的异质性，但关于次级结构的分析则聚焦不同行业的税收关联的共同点，从而找出增值税税源结构中具有相似位置和作用的行业。根据社会网

络分析法的次级结构分析法，增值税网络中主要有两种次级结构：一种是因关联
紧密而形成的集聚，如小团体，一个增值税网络实质上可以分割成不同的税收小
团体，小团体的内部成员——各行业具有很强的税收关联；另一种则是因为具有
相似的关联特征而形成的集聚，如结构对等、规则对等、相似对等，这类集群并
不一定要求行业间存在直接关联，但是结构对等的行业在税收关联上具有很强的
相似性。本节利用网络数据依次分析这两类税收集群，揭示增值税税源结构中的
次级结构特征，寻找与制造业税收关联最紧密、关联特征最相似的行业，以判断
哪些行业的增值税税收最容易受到制造业的影响或者能快速影响制造业，哪些行
业在税源结构中能与制造业形成相互替代关系。

一、小团体与成分

小团体与成分是指网络中紧密关联的一些个体，在增值税网络中表示税收关联
强度超过一定标准的行业所形成的税收集群。本节利用网络分析法呈现了 2007 ~
2017 年的增值税税收小团体（集群）分布情况，以判断网络中存在哪些税收集
群、税收集群变化情况、每个集群中的行业分布，并利用 lambda 法揭示网络中
最重要的税收关联。

（一）数据处理方法说明

社会网络对于小团体和成分的分析对数据类型比较严格，大多适用于二值无
向数据，利用多值数据分析小团体和成分的方法十分有限。因此首先需要将多值
有向数据转化成二值无向数据。在阈值的选择上，笔者分别选取了网络中的 1/4
分位数、3/4 分位数及交易平均数，分析结果显示得到的集群数量依次递减，在
较早的 2015 年以前的数据中，利用交易平均数做阈值获取的网络中，只存在一
个小团体，而利用 1/4 分位数得到的集群过多，接近行业数量。3/4 分位数低于
平均值的结果，这表明网络中绝大多数的税收关联都低于平均数，税收关联的强
弱分布极不均衡。集群数量过少或过多都会让研究次级结构变得毫无意义。为了
尽量保留一些关联强度较高的关联，以保证集群的规模及分析的意义，笔者选择
利用 3/4 分位数作为阈值，将原网络转化成二值无向数据构成的网络。最终的分
群结果如表 4-6 所示。需要强调的是，将多值有向数据转化成二值无向数据虽然
会损失一些关联信息，但也会增加一些关联信息。笔者在选择转化成对称数据

时，采用的是最大值原则，即将两两关联中的最大值作为两个行业之间的唯一关联。这种处理让"营改增"前的一些行业（如农林牧渔）以及一些向其他行业发出较弱销项关联的行业受益。虽然这种处理方式会增加小团体的规模，但也说明小团体中的行业实际上至少存在较强的单向税收关联。

表4-6　税收集群

年份	税收集群
2017	1. 制造业、建筑业、交通仓储运输、批发零售、金融业；2. 制造业、电热燃水、建筑业、交通仓储运输；3. 制造业、建筑业、交通仓储运输、科技服务业；4. 农林牧渔、制造业、交通仓储运输、批发零售；5. 制造业、交通仓储运输、批发零售、金融业、租赁商务服务；6. 采矿业、制造业、电热燃水、建筑业；7. 制造业、批发零售、住宿餐饮、租赁商务服务；8. 制造业、批发零售、卫生社保；9. 批发零售、金融业、房地产业、租赁商务服务
2015	1. 采矿业、制造业、电热燃水、建筑业、交通仓储运输、批发零售；2. 制造业、建筑业、信息软件、批发零售；3. 制造业、建筑业、批发零售、科技服务业；4. 农林牧渔、制造业、批发零售；5. 制造业、批发零售、住宿餐饮；6. 制造业、交通仓储运输、批发零售、租赁商务服务；7. 制造业、批发零售、卫生社保；8. 制造业、交通仓储运输、金融业、租赁商务服务；9. 制造业、信息软件、金融业；10. 制造业、房地产业、租赁商务服务；11. 制造业、交通仓储运输、公共管理
2012	1. 采矿业、制造业、建筑业、交通仓储运输、批发零售；2. 农林牧渔、制造业、交通仓储运输、批发零售；3. 制造业、交通仓储运输、批发零售、金融业、租赁商务服务；4. 制造业、交通仓储运输、批发零售、公共管理；5. 制造业、批发零售、住宿餐饮；6. 制造业、建筑业、批发零售、科技服务业；7. 制造业、批发零售、卫生社保；8. 采矿业、制造业、电热燃水、建筑业、交通仓储运输；9. 农林牧渔、制造业、电热燃水、交通仓储运输；10. 制造业、信息软件、金融业
2010	1. 采矿业、制造业、电热燃水、建筑业、批发零售；2. 采矿业、制造业、电热燃水、交通仓储运输、批发零售；3. 农林牧渔、采矿业、制造业、电热燃水、批发零售；4. 采矿业、制造业、电热燃水、批发零售、住宿餐饮；5. 制造业、电热燃水、信息软件、批发零售；6. 制造业、电热燃水、批发零售、租赁商务服务；7. 制造业、电热燃水、批发零售、公共管理；8. 制造业、电热燃水、金融业；9. 制造业、电热燃水、教育；10. 采矿业、制造业、科技服务业；11. 制造业、批发零售、居民服务业；12. 制造业、批发零售、卫生社保
2007	1. 采矿业、制造业、电热燃水、建筑业、批发零售；2. 采矿业、制造业、电热燃水、交通仓储运输、批发零售；3. 制造业、电热燃水、信息软件、批发零售；4. 农林牧渔、制造业、电热燃水、批发零售；5. 制造业、电热燃水、批发零售、住宿餐饮；6. 制造业、电热燃水、批发零售、租赁商务服务；7. 制造业、电热燃水、批发零售、居民服务业；8. 制造业、电热燃水、批发零售、教育；9. 制造业、电热燃水、批发零售、卫生社保；10. 制造业、电热燃水、批发零售、公共管理；11. 制造业、电热燃水、金融业

（二）增值税税源中的集群分布

首先从税收集群数量上来看，增值税税收网络中的集群数量变化不大，2017年共有9个税收集群，相较2007年11个行业集群减少了2个，网络中税收集群数量最多的年份是2010年，共12个。税收集群数量下降是因为随着产业关联强度上升，最小集群数量不断减少，形成了较大规模的集群。在所有年份的税收集群中，最小集群内部均有3个行业2015年最多有6个。在2017年的9个集群中，规模最大的税收集群有2个，每个税收集群内包含了5个行业，另外6个税收集群均有4个行业。从税收集群数量上来看，作为一个只有19个行业的增值税网络，整个网络中强税收关联分布相对分散，形成了过多的税收集群（见表4-7）。

从成员结构上看，第二产业构成了税收集群的主力，第三产业集群逐渐壮大。在2012年"营改增"启动前，大部分的税收集群都包含了制造业、电热燃水、批发零售、采矿业这四个行业，如电热燃水行业在2007年隶属于所有集群，到了2010年的12个集群中只有9个集群包含了该行业。集群成员构成结构反映了当时的实际情况，只有这些行业征收增值税，也只有这些行业能够跟其他行业产生较强的税收关联。随着"营改增"逐步拉开序幕以及经济结构的转变，集群的成员结构逐渐发生变化，交通仓储运输、建筑业等行业隶属的集群数量逐步增多，到了2017年金融、租赁商务服务也加入进来。每个行业隶属的集群越多，表明与这个行业具有较强税收的关联的行业也就越多，集群成员分布结构的变化印证了我国经济结构转变对税源结构的影响，虽然制造业、建筑业等第二产业仍是税源结构中的主要行业，但第三产业在增值税税收中发挥着越来越重要的作用，与其他行业的税收关联也越来越紧密。

不过，集群分析并没能将所有的行业纳入集群中，水利公共设施、居民服务业、教育、文化娱乐等行业长期以来基本不属于任何税收集群，属于税收集群中的孤岛行业。这表明无论从销项上看还是从进项上来看，水利公共设施等行业与其他行业的税收关联强度都不高，或者只与极个别行业有较强的税收关联。小团体要求集群内所有行业都有较强的税收关联，并且行业数目大于或等于三个，未被纳入集群中说明这些行业在强税收关联上相对单一，这也说明我国的增值税税源结构在第三产业中还有很大的拓展空间，一些公共服务行业融入经济体系的深度不够，对税收的贡献十分有限。

表4-7　部分行业隶属的集群数量　　　　　　　　　单位：个

年份	集群数量
2017（9）	制造业（8）、建筑业（4）、批发零售（6）、交通仓储运输（5）、金融（3）、租赁商务服务（3）；信息软件、水利公共设施、居民服务业、教育、文化娱乐（0）
2015（11）	制造业（11）、批发零售（7）、交通仓储运输（4）、建筑业（3）、租赁商务服务（3）；水利公共设施、居民服务业、教育、文化娱乐（0）
2012（10）	制造业（10）、批发零售（7）、交通仓储运输（6）、建筑业（3）；房地产业、水利公共设施、居民服务业、教育、文化娱乐（0）
2010（12）	制造业（12）、电热燃水（9）、批发零售（9）、采矿业（5）；房地产业、水利公共设施、文化娱乐（0）
2007（11）	制造业（11）、电热燃水（11）、批发零售（10）；房地产业、水利公共设施、科技服务、文化娱乐（0）

（三）最重要的税收集群与最重要的税收关联

制造业、金融业等5个行业构成了增值税税收网络中最大的税收集群。通过不同群体间共享的成员数，可以判断群体在网络中的重要性。一个群体与其他群体拥有更多的共享成员，表明这个群体与其他群体的关联越紧密，该群体税收发生的变动能够快速传递到其他群体中，形成较大的波及效应，因此这类群体在增值税税收贡献上也具有更重要的作用。在表4-8的集群分析中，集群的重要性已经按序号排列出来。位列第1位的集群与其他群体拥有更多的共享成员，与其他行业的税收关联度也高，对增值税的税收贡献也最大；位于最后1位的集群与其他行业共享成员较少，处于相对边缘的地位。从分析结果来看，最大集群的规模不大但相对稳定，除2015年最大税收集群包含了6个行业外，其余年份最大集群都只有5个行业。这说明对增值税税收收入有重要影响的行业数量比较稳定，不同行业对税收收入的影响存在较大的差异。在2007～2017年最大的五个税收集群中，制造业、建筑业、批发零售业一直位列其中，说明这三个行业一直与其他行业有着较强的税收关联，是贡献增值税税收收入的支柱行业。同时最大集群成员的结构变化显示，交通仓储运输、金融业逐渐替代采矿业和电热燃水这两个行业跻身最大的税收集群，这表明这两个行业在增值税网络中发挥着越来越重要的作用，我国增值税税源结构也呈现向第三产业转移的趋势。特别是2017年，有一个最小的税收集群由批发零售、金融业、房地产业、租赁商务服务四个行业组成，形成了一个没有制造业参与的税收集群，这表明第三产业内部的关联对增值税税收收入的贡献正在逐渐变大。

表 4-8 相关年份最大的税收集群

年份	行 业
2017	制造业、建筑业、交通仓储运输、批发零售、金融业
2015	采矿业、制造业、电热燃水、建筑业、交通仓储运输、批发零售
2012	采矿业、制造业、建筑业、交通仓储运输、批发零售
2010	采矿业、制造业、电热燃水、建筑业、批发零售
2007	采矿业、制造业、电热燃水、建筑业、批发零售

制造业与批发零售业之间的税收关联是增值税税源结构中最重要的税收关联。在税收网络中，最重要的税收关联往往承担了相当一部分销项税额（进项税额）流量，是构建整个网络的骨架，一旦移除这些重要的税收关联很可能对网络构架产生崩溃式影响。笔者利用 Lambda 集测算出相关年份重要性排名前三位的税收关联（见表 4-9）。如预期所示，税收关联在 2012 年发生了明显的改变，在 2012 年、2015 年、2017 年前三名的税收关联保持不变，其中，制造业与批发零售业的税收关联一直是网络中最重要的税收关联，它们之间的关联是网络中流量最高的关联，其 Lambda 值为 9，即为了切断这两个行业的关联需要拿掉 9 个税收关联。而在 2010 年、2007 年，电热燃水与制造业的关联却是网络中最重要的关联，采矿业与这些行业的关联也排在非常重要的位置。税收关联的变化显示了我国经济结构逐步由能源消耗型经济向消费型经济转型，制造业与批发零售、交通仓储运输等下游行业的关联变得更重要。Lambda 值同时显示了另一个规律，即最重要的税收关联的重要性在逐步下降，在 2007 年排名第一的税收关联 Lambda 值为 14，第一名与第三名的 Lambda 值差距为 8；到了 2017 年排名第一的税收关联 Lambda 值下降到 9，并且第一名与第二名、第三名的差距缩小到仅为 1，这种转变表明税收网络中的税收关联强度在各个关联之间的分布越来越均匀，对单一税收关联的依赖性逐渐变小。同时，行业之间的税收关联也更容易被其他行业的关联所替代，每个行业在税收贡献中存在的差距也

在逐渐缩小。

表4-9 相关年份重要性排名前三位的税收关联

年份	税收关联
2017	1. 制造业、批发零售（9）； 2. 制造业、批发零售、交通仓储运输（8）； 3. 制造业、批发零售、交通仓储运输、建筑业（7）
2015	1. 制造业、批发零售（11）； 2. 制造业、批发零售、交通仓储运输（8）； 3 制造业、批发零售、交通仓储运输、建筑业（7）
2012	1. 制造业、批发零售（11）； 2. 制造业、批发零售、交通仓储运输（9）； 3. 制造业、批发零售、交通仓储运输、建筑业（6）
2010	1. 制造业、批发零售、电热燃水（12）； 2. 制造业、批发零售、电热燃水、采矿业（8）； 3. 制造业、批发零售、电热燃水、采矿业、住宿餐饮、交通仓储运输、建筑业、农林牧渔（4）
2007	1. 制造业、电热燃水（14）； 2. 制造业、电热燃水、批发零售（13）； 3. 制造业、电热燃水、批发零售、采矿业（5）

注：括号内数字为 Lambda 值。

（四）制造业是税收集群中最重要的成员

经过集群分析和最重要关系的识别，基本上可以认定制造业在次级结构中依然处于不可替代的主导位置。从隶属的集群数量来看，除 2017 年制造业不是网络中最小集群的成员以外，在其他年份制造业是每一个集群的成员，这表明制造业与大部分行业间都有着较强的税收关联，是最重要的增值税税源。较多的强税收关联也说明制造业拥有巨大的税收影响能力，制造业的税收变动能快速影响整个税收网络，同时大部分行业的税收收入变动也会波及制造业。在增值税税收网络中，制造业隶属多个集群的特征决定了制造业是不同集群间沟通的桥梁，是不同行业税收相互传递的重要中介。从隶属的最大集群及最重要关系来看，无论"营改增"前后，制造业一直是所有最大集群的成员，也一直拥有网络中最重要的税收关联，经过制造业形成的增值税税收收入是整个增值税网络中最大的税收流量。可以说，当前的增值税网络基本上是围绕以制造业为核心构建的网络体系，制造业与其他行业形成的集群（小团体）镶嵌在其中构成了支撑整个网络的骨架。同时不可否认的是，在"营改增"和经济转型的冲击下，制造业在次级结构中的重要性出现了一定程度的下降，如2017年一些行业脱离制造业独立形成了一个小的集群，制造业所从属的最重要税收关联相对于其他税收关联优势也在逐步削减。

二、结构对等

与小团体和成分等税收集群形成的原因不同，因结构对等而形成的聚类中，每个个体具有相似或者完全相同的税收关联，但它并不要求结构对等的行业之间有税收关联（或者是紧密的税收关联）。在增值税税收网络中，不同行业因税收关联上的相似性而被归为同一类，这个类别被称为该行业所在的位置。本节将分析增值税网络中行业的结构对等特征，将不同行业进行重新归类，以判断每个行业在增值税网络中所处的位置，并利用块模型方法描述每个位置在网络中扮演的角色和发挥的作用。结构对等的分析有利于了解增值税在税收收入上的集群，关于行业税收位置的分析能够清晰地描述每个行业在增值税网络中所起的实际作用。对于制造业而言，结构对等分析能够揭示制造业的税收关联与其他行业税收关联的相似性，如果网络中有行业与制造业拥有相似的税收关联，那么从税收收入的角度来讲，这个行业完全可以替代制造业。

（一）方法说明

对于多值网络结构对等的测量，相关系数法相较于距离法更加适用。根据前文所述，相关系数取值在 [−1, 1]，取值为1时表示两个行业拥有相同的税收关联，这意味着两个行业之间可以完全替代，取值为−1时说明两个行业的税收关联完全相反。一般而言，在网络中行业间的税收关联完全相同或相反的概率很小，基于此，笔者选取80%、90%、99%中高低三个标准[①]，行业间的税收关联

---

① 学术界对于相似性达到多少才能被归为同一类，目前并无统一标准。总体来看，80%的相似性已经是较高的标准，这意味着同一类别中行业间的税收关联的相关性达到了80%。

相似性只要达到这三个标准，就可以归为同一类别（位置）。同一类别中的行业具有相同（相近）的税收地位。聚类结果如表 4-10、表 4-11、表 4-12 所示。在聚类的基础上，笔者进一步构建了块模型以了解每个类别在网络中的位置以及类别之间的关系。为了控制类别的数量，笔者选取在 80% 相似性标准上生成的类别对模型进行分块，每一个块代表一个网络位置，选取整体网络密度作为阈值将块转化成 0~1 块，并将块内行业之间的多值税收关联转化成 0~1 值，以此为基础讨论增值税网络次级结构以及各位置之间的关系。

表 4-10　按照 80% 的相似性标准进行划分

2007 年	2010 年	2012 年	2015 年	2017 年
1. 制造业 2. 电热燃水、采矿业、批发零售 3. 其他行业	1. 制造业 2. 电热燃水、采矿业、批发零售 3. 农林牧渔 4. 其他行业	1. 制造业 2. 采矿业、电热燃水、批发零售 3. 交通仓储运输 4. 金融业、房地产业 5. 其他行业	1. 制造业 2. 采矿业、电热燃水、批发零售 3. 交通仓储运输 4. 金融业、房地产业 5. 其他行业	1. 房地产业 2. 制造业 3. 采矿业、电热燃水、批发零售 4. 交通仓储运输 5. 金融业 6. 其他行业

表 4-11　按照 90% 的相关性标准进行划分

2007 年	2010 年	2012 年	2015 年	2017 年
1. 制造业 2. 电热燃水、采矿业、批发零售 3. 其他行业	1. 制造业 2. 电热燃水 3. 采矿业 4. 批发零售 5. 其他行业	1. 制造业 2. 采矿业、电热燃水 3. 批发零售 4. 交通仓储运输 5. 金融业、房地产业 6. 其他行业	1. 制造业 2. 采矿业、电热燃水 3. 批发零售 4. 交通仓储运输 5. 金融业、房地产业 6. 租赁商务服务、信息软件、科技服务业 7. 其他行业	1. 房地产业 2. 制造业 3. 采矿业、电热燃水 4. 批发零售 5. 交通仓储运输 6. 金融业 7. 科技服务业 8. 租赁商务服务、信息软件 9. 其他行业

表4-12 按照99％的相关性标准进行划分

2007 年	2010 年	2012 年	2015 年	2017 年
1. 制造业 2. 电热燃水 3. 采矿业 4. 批发零售 5. 其他行业	1. 制造业 2. 电热燃水 3. 采矿业 4. 批发零售 5. 农林牧渔 6. 住宿餐饮 7. 其他行业	1. 制造业 2. 采矿业 3. 电热燃水 4. 批发零售 5. 交通仓储运输 6. 金融业 7. 房地产业 8. 信息软件 9. 租赁商务 10. 科技服务 11. 文化娱乐 12. 教育、公共管理 13. 其他行业	1. 制造业 2. 采矿业、电热燃水 3. 批发零售 4. 交通仓储运输 5. 金融业 6. 房地产业 7. 信息软件 8. 租赁商务 9. 科技服务 10. 水利公共设施 11. 教育、文化娱乐 12. 公共管理 13. 其他行业	1. 房地产业 2. 制造业 3. 采矿业 4. 电热燃水 5. 批发零售 6. 交通仓储运输 7. 金融业 8. 科技服务业 9. 租赁商务 10. 水利公共设施 11. 信息软件 12. 居民服务 13. 住宿餐饮 14. 文化娱乐 15. 教育 16. 公共管理 17. 建筑业、卫生社保、农林牧渔

（二）增值税网络中的结构对等

增值税税收网络结构逐渐复杂化。统计结果显示，随着时间的推移以及相似性标准的提升，越来越多的行业从更大的集群中脱离出来，成为一个独立的位置。在80％的相似性标准上，2007年的增值税网络只有三个位置，制造业单独占据了一个网络位置，其他三个增值税应税行业（电热燃水、采矿业、批发零售）占据了另一个网络位置，另外15个行业则被归为同一类别。2012年，随着"营改增"实施以及经济结构调整，交通仓储运输、金融业及房地产业也脱离了原有的大集群，构成了两个网络位置。2017年，"营改增"扩围至金融业和房地产业之后，这两个行业又从原有的位置中独立出来，单独构成了一个位置。这表明，经济结构的调整和"营改增"的推进，让更多的行业所拥有的税收关联变得更加独特和难以替代，更多特殊行业的存在让整个增值税税收网络结构变得更加复杂。

相似性标准的提升也使网络中的位置变得越来越多。在80％的标准下，2017

年只有 6 个网络位置，在 90% 的标准下则增加至 9 个位置，其中，批发零售、科技服务业、租赁商务服务、信息软件等行业分别从原有的位置中分离出来，展示出与原位置中行业在税收关联上的一些差异。在 99% 的标准下，几乎所有的行业都成为一个独立的网络位置，这表明大部分行业的税收关联上都存在或多或少的差异。但是统计结果也显示建筑业、卫生、农林牧渔这三个行业表现出了完全意义上的结构等价，这意味着在增值税税源结构中，这三个行业可以相互替代，这种替代对税收收入及整个网络几乎不造成大的影响。从税收关联中可以发现，导致这种完全结构对等的原因是这三个行业属于相对孤立的行业，产生的销项税额非常少，但接收较多其他行业转嫁过来的进项税额，因而这三个行业也可能是增值税税负最高的行业。此外，笔者还发现，金融业和房地产业逐渐从大集群中分离出来，这说明在完整的增值税链条中，这两个行业拥有与其他行业更加不同的税收关联。

制造业一直占据一个单独的网络位置。结构对等的分析结果显示，即使在 80% 的标准下，制造业都无法与其他行业归为同一类别。在 2017 年只有将相似性标准降到 58.6%，才能将制造业与交通仓储运输、采矿业、电热燃水、批发零售等行业归为同一类别，2015 年这一标准为 60.2%，2012 年、2010 年、2007 年这一标准分别为 50.5%、53.9%、61.8%。总体来看，即使与最相近的位置，制造业的税收关联与这些行业的税收关联也有着 40% 左右的差异。这种差异反映了制造业税收关联具有很大的独特性和不可替代性，决定了制造业在整个网络中占据单独的一个网络位置。在前文的税收关联分析中也能看到，制造业在税收关联上的强度与其他行业有着显著的差异，制造业在销项税额和进项税额上拥有的强税收关联远超其他行业，正是这种差异造就了制造业的独特性和不可替代性。整体网络结构分析和结构对等分析已经基本表明，即使税收收入份额下降，但制造业仍然是整个增值税网络中最核心、最重要的行业。在接下来的块模型分析中，笔者将进一步揭示制造业网络位置的具体呈现，以及制造业位置与其他位置之间的关系，这种位置关系更加微观地展现了增值税网络的结构。

（三）集群之间的关系

将不同行业按照结构对等程度进行归类后，一个重要的任务是解释位置之间的关系，通过判断各个位置在网络中的作用识别每个行业在增值税网络中的角色。根据集群内部税收关联与集群对外的税收关联比较，并参考 Burt（1976）的位置划分，将集群定义为三种角色：税收净转出板块、经纪人板块、税收净转入板块。其中，税收净转出板块集群向其他集群发出的税收联系多于集群内部税收关联以及集群接收的税收关联，这一类集群中的行业在税收转嫁上往往占据主导地位，也是产生增值税税收收入的核心源泉；税收净转入板块是指集群接收的税收关联远多于其发出的税收关联，这一类行业往往是终端行业，在行业之间的税负转嫁中处于被动地位；税收经纪人板块是指发出的税收关联与受到的税收关联总体相当。根据第二章第三节提供的块与块之间关系的计算式①，笔者计算出块内部的税收关联及块与块之间的税收关联，并确定了每个类别的板块特征，结果如表 4–13 至表 4–17 所示。

表 4–13　2017 年板块间的关系

集群	发出关系		接收关系		板块特征
	集群内	集群外	集群内	集群外	
房地产	1	4	1	4	经纪人板块
制造业	1	16	1	8	净转出板块
采矿等	2	12	2	7	净转出板块
交通	1	4	1	4	经纪人板块
金融业	1	6	1	3	净转出板块
其他	1	6	1	22	净转入板块

表 4–14　2015 年板块间的关系

集群	发出关系		接收关系		板块特征
	集群内	集群外	集群内	集群外	
制造业	1	17	1	6	净转出板块
采矿等	2	9	2	5	净转出板块
交通	1	5	1	3	净转出板块
金融业	1	0	1	2	净转入板块
其他	2	4	1	19	净转入板块

---

①　为了将原矩阵转化成二值矩阵，笔者以整体网络密度为阈值，低于密度的关联值设为 0，其余为 1。转化成二值矩阵后，按照结构对等分析所呈现的归类，重排为二值矩阵，该矩阵反映了位置内部及位置之间的关系。

表 4-15　2012 年板块间的关系

集群	发出关系		接收关系		板块特征
	集群内	集群外	集群内	集群外	
制造业	1	17	1	6	净转出板块
采矿等	2	9	2	5	净转出板块
交通	1	5	1	2	净转出板块
金融业	1	0	1	2	净转入板块
其他	2	4	1	20	净转入板块

表 4-16　2010 年板块间的关系

集群	发出关系		接收关系		板块特征
	集群内	集群外	集群内	集群外	
制造业	1	18	1	3	净转出板块
采矿等	2	9	2	3	净转出板块
农林牧渔	0	0	0	3	净转出板块
其他	0	0	0	18	净转入板块

表 4-17　2007 年板块间的关系

集群	发出关系		接收关系		板块特征
	集群内	集群外	集群内	集群外	
制造业	1	18	1	3	净转出板块
采矿等	2	9	2	3	净转出板块
其他	0	0	0	19	净转入板块

　　由表 4-13 至表 4-17 可知，在增值税网络中各个位置都扮演着相应的角色，虽然一些位置之间的角色相同，但角色大小有别。位置上的差异体现了每个行业在增值税税收收入贡献上的不同。在增值税网络最为完整的 2017 年，这种位置上的差异体现得更为明显。其中，制造业、采矿等、金融业三个集群属于税收净转出板块，这三个位置均为发出的税收关联多于收到的税收关联，即从强度的角度看，这些行业的销项税额关联要多于进项税额关联。属于这类位置的角色，是贡献增值税税收收入的主力军，同时由于销项关联较多，他们在税负转嫁上也占据了有利地位。此外，这三个位置特别是制造业板块与采矿业板块还发挥了非常

重要的中介作用，它们发出和收到了相当一部分的税收关联，一些位置之间的直接税收关联相对较弱，但跟这些位置保持了较强的税收关联。缺少这些中介位置，会影响其他位置上的增值税税收收入的形成和税负转嫁。

　　房地产和交通这两个位置则属于经纪人板块，接收和发出的税收关联数量相等。对于这两个板块而言，与之相关的高强度税收关联虽然不多，但是对于一些特定行业而言，它们又是很重要的税收关联对象，如房地产板块与金融板块的双向关联、交通板块与制造业板块的关联等。这种关联特征使两个群体虽然不会像税收净转出板块在整个网络中占据重要地位，但至少在特定的局部网络中很重要，是部分行业形成税收收入的重要中转站，具有非常强的中介属性。并且，这些板块也并不像税收净转入板块，在税负转嫁上处于完全被动的状况。其他12个行业则处于税收净流入板块，这个位置的销项关联远远低于进项关联，在增值税网络中它们并未创造更多的销项关联，在生产环节上它们是整个增值税税收收入形成的终端，对于增值税税收收入的形成起着需求拉动作用。虽然税收净收入板块因接收了大量销项税额关联而在税负转嫁上处于相对被动的地位，但也因此在增值税网络中占据了重要地位，缺少这个板块中的行业，其他板块多数的销项税额难以实现。因时间的变化，在政策调整和产业结构升级的作用下，各个位置在网络中的作用整体来看并无太大变化，只有房地产板块、金融板块因被纳入征税范围而在原有板块中独立出来并承担了新的角色，制造业板块、采矿板块等仍旧承担着原有的角色，这表明经济结构的稳定决定了产业税收位置的稳定。

　　总体来看，在增值税网络中，制造业板块、采矿业板块发出了网络中大部分的销项税额，是产生增值税税收收入的初始板块，同时这两个板块也承担了一些经纪人功能，帮助其他行业形成增值税税收收入。金融板块、交通板块和房地产板块则是更为专职的经纪人板块，但这种职责更多的是针对极个别行业，对整体的税收收入影响不大。另一个对整体税收收入起决定作用的板块是其他行业板块，整个网络中的大部分销项税额都需要通过这个板块才能实现，但是由于板块内部行业众多，每个个体行业的作用并没那么明显。不过，这种分析更多地反映板块之间的关系，整个增值税网络属于什么样的结构，还需要借助映像矩阵分析。

（四）增值税网络中的核心与边缘结构

位置之间的关系反映了各个板块因内部关联与外部关联的不同，而在网络中扮演着不同的角色。不过这种分析并不能描述位置之间相互关联所形成的网络结构特征，即网络是等级网络或是均匀网络又或是核心边缘结构。分析这种网络结构特征需要借助映像矩阵，将位置之间的关系简化成 0 ~ 1 的关系。块模型的分析结果如表 4-18 至表 4-22 所示。为了直观展示这种结构，笔者构建了 2017 年的结构图（见图 4-7）。

表 4-18 2017 年整体增值税网络结构

板块	房地产板块	制造业板块	采矿业板块	交通板块	金融板块	其他板块
房地产板块	0	0	0	0	1	0
制造业板块	1	1	1	1	1	1
采矿业板块	0	1	0	0	0	0
交通板块	0	1	1	1	0	0
金融板块	1	1	0	1	1	0
其他板块	0	0	0	0	0	0

表 4-19 2015 年整体增值税网络结构

板块	制造业板块	采矿业板块	交通板块	金融板块	其他板块
制造业板块	1	1	1	1	1
采矿业板块	1	1	0	0	0
交通板块	1	1	1	0	0
金融板块	0	0	0	1	0
其他板块	0	0	0	0	1

表 4-20 2012 年整体增值税网络结构

板块	制造业板块	采矿业板块	交通板块	金融板块	其他板块
制造业板块	1	1	1	1	1
采矿业板块	1	0	0	0	0
交通板块	1	0	0	0	0
金融板块	0	0	0	0	0
其他板块	0	0	0	0	0

表 4-21　2010 年整体增值税网络结构

板块	制造业板块	采矿业板块	农林牧渔	其他板块
制造业板块	1	1	1	1
采矿业板块	1	0	1	0
农林牧渔	0	0	0	0
其他板块	0	0	0	0

表 4-22　2007 年整体增值税网络结构

板块	制造业板块	采矿业板块	其他板块
制造业板块	1	1	1
采矿业板块	1	0	0
其他板块	0	0	0

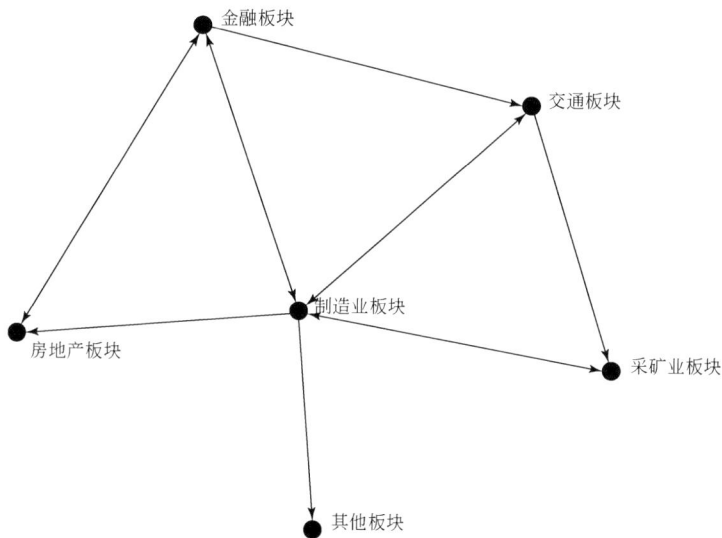

图 4-7　2017 年核心—边缘板块结构

增值税税收网络拥有非常明显的核心—边缘结构。在 2007~2017 年的增值税税收网络中，制造业板块一直处于核心位置，在销项关联与进项关联的比较上，制造业与其他板块的销项关联更紧密。在 2017 年，制造业板块除了没有接收到房地产板块与其他行业板块的税收关联外，它与其他所有位置都有双向税收关联，并且制造业在销项关联上的作用要大于在进项关联上的作用，这说明制造

| 107 |

业板块在税负转嫁中占有主导地位。此外，金融业板块扮演了次中心的角色，特别是它与房地产板块及制造业板块之间形成的双向税收关联更加引人注意，紧密的税收关联背后代表了金融业对制造业和房地产业的重要性。采矿业板块与房地产板块由于连接较少，处于相对边缘的位置。而其他行业板块在整个税收网络中处于最边缘的位置，虽然它们拥有最多的行业，但是这些行业与其他行业产生的税收关联确实非常微弱，其他行业板块与制造业的销项关联也是它唯一的关联。通过揭示群体之间的关系，我们再次看到制造业在整个税收网络中的重要性，这充分说明了当前我国的增值税体系仍然是围绕制造业运行的，制造业与其他行业产生的销项—进项关联维系着整个增值税税源结构。

三、增值税税收网络的次级结构特征

关于增值税税源结构的中观层次分析表明：第一，我国增值税税源呈现非常明显的工业化特征，与工业产品生产、制造、销售、原材料供给相关的行业占有较多的税收集群，这些行业与其他行业拥有更多的强税收关联。不过随着经济结构调整，交通运输业、金融业逐渐替代了采矿业与电热燃水在增值税税收网络中的地位。在这些行业中，制造业是整个体系的核心，制造业拥有的强税收关联数量让它在拥有的集群数量、最重要税收集群、最重要税收关联上遥遥领先其他行业。工业化的税收特征表明，我国当前的经济体系就是围绕产品的生产而构建的，从而各个行业都与制造业有很强的销项—进项关联，这决定了制造业在网络中的核心位置和巨大的影响力。第二，关于结构对等的分析表明，整个增值税税源结构是一个非常明显的核心—边缘结构，制造业因为在税收关联上的特征和众多的强税收关联，占据了网络中的核心位置，在网络中扮演着税收净流出角色，这也说明了制造业在增值税税负转嫁上更具优势，不过这种网络位置优势能否转化为实际优势还需要进一步研究。

第四节　制造业的网络位置与角色

在前文关于网络整体结构的分析中，笔者发现虽然"营改增"显著提升了

整个税源结构网络的关系数量、密度及互惠性，增值税抵扣链条也趋于完整。不过增值税网络的异质性并未得到根本性改变，在强关联网络中出现了很明显的核心—边缘结构特征，一些行业如制造业在网络中占据了极佳的位置，对其他行业的销项税额和进项税额具有很强的影响力，在日渐扩大的增值税网络中，制造业等行业发挥着越来越重要的作用。在网络的次级结构中，整个税收网络被围绕制造业形成的税收集群所分割，制造业几乎是所有税收集群的成员，并拥有网络中最重要的税收关联。制造业对整个税收网络的影响能够快速通过税收集群传递到全网络中，同时制造业也因所属集群过多而易受到不同行业的影响。制造业这种税收关联特征决定了它的不可替代性，这一点在结构对等的分析中得以证实，制造业很难因为关联上的相似性与其他行业归为同一类。这种特性决定了制造业在网络中处于税收净流出的位置，在增值税税收收入的形成上，制造业对其他行业的支撑要大于其他行业对制造业的支撑，并最终构成了一个以制造业为核心的核心—边缘网络结构。

但是，上述分析都是从宏观（中观）的视角揭示制造业的网络位置，并没有从制造业如何与其他产业关联的微观角度去观察制造业的网络位置。在这一节中，笔者将介绍制造业是如何嵌入增值税网络的，以及与其他行业相比制造业的权力特征如何。在社会网络分析中，权力体现了行业的影响力和重要性，权力越高的行业越接近网络的中心位置。虽然关于增值税网络的宏观和中观结构分析已经明显表明制造业处于整个网络的中心，但关于制造业权力的描述将从点度、接近性、中介作用三个方面更加清晰地展示制造业是如何成为整个网络中心位置的。既然制造业处于整个税收网络的中心，那么制造业对其他行业的影响和约束程度如何，对于这一问题，本节将通过分析制造业的结构洞特征来揭示制造业的约束和控制能力。与权力分析结果大相径庭的是，制造业虽位于网络中心，但对其他行业的影响和约束并没有想象中那么大，反而是其本身更易受到其他行业的掣肘。这种网络分析法将会比收入份额视角提供更多有意思的探讨，它有助于全方面了解制造业对于增值税的意义以及制造业在税源结构中的真实位置。

一、网络权力的测量

权力代表着控制力和影响力，社会网络视角认为权力源于关系，需要从个体之间的关系来理解权力的内涵。个体在网络中的关联情况决定了其相对于其他个体权力的大小。在增值税网络中，权力意味着一个行业对其他行业增值税税收收入的控制能力和影响能力。一般而言，社会网络分析从点度、接近性、中介性三个维度去衡量个体在网络中的权力。点度代表的是行业在网络中与其他行业的关联强度和关联数量。点度分出度和入度，其中，出度被用来衡量个体的影响力；入度表示个体的重要性或声望（汉尼曼和里德尔，2019）。在增值税网络中，出度表示行业发出的销项税额关联，入度表示行业接收的进项税额关联。销项税额越高的行业表明该行业对其他行业的增值税税收收入影响更大，进项税额越高的行业表明其他行业对该行业的增值税税收收入依赖性越大。从而点度越高表明该行业越有可能对其他行业乃至整个行业的增值税税收收入及税负转嫁产生影响。接近性代表的是行业与其他行业的关联距离，相较其他行业，一个行业如果与其他所有行业的关联距离越短，则越接近网络的中心地位，该行业能更加快速地对其他行业乃至整个税收网络产生影响。中介性衡量的是一个行业在多大程度上充当了其他行业之间产生税收关联的桥梁，在当前的增值税网络中，虽然绝大多数行业都有直接的增值税关联，但也有大部分的税收流量是通过其他行业间接产生的。如果一个行业在很大程度上充当了其他行业间接税收关联的通道，那么这个行业便具有很强的控制能力，能够轻易地控制其他行业相互间的税收关联。

从社会网络的视角来看，衡量制造业的增值税税收贡献除需要考虑制造业贡献的税收收入份额之外，也需要从制造业对整个增值税网络的影响能力即权力的角度来观察制造业对于整个增值税税源结构的重要程度。行业之间的相互关联是产生税收收入的一个基础，产生税收收入的一个决定因素是行业自身的增值能力，这取决于行业的规模、技术、要素、市场供求等。税收收入份额能够综合反映一个行业的税收贡献情况，但这个标准过于机械，并且从表面上看它更像是为了表明行业的税收收入是由其自身决定的，容易忽略行业间的税收关联在决定税收收入中所发挥的作用。从社会网络的角度研究制造业的税收贡献则弥补了这方面的不足，虽然社会网络分析不能就税收关联如何决定税收收入给出详细的机制说明，也不能给出定量上的税收收入变化分析，但是通过对税收关联的量化，并以关联数量和强度为基础构建税收网络，社会网络分析能够详细描绘制造业在网络中的位置和拥有的权力。位置和权力是社会网络用来衡量制造业在增值税网络中的影响力和重要性的关键指标，权力越高、越接近中心位置，代表着制造业在网络中拥有越大的影响力。如前文所述，权力越高表明与其他行业关联越紧密、越接近网络中心，对其他行业间的税收关联控制性更强，这意味着对增值税税收收入的影响更大、更快。从社会网络的角度来看，权力越高的行业对增值税税收收入的贡献也就越大，该行业对其他行业增值税税收收入的带动作用和影响力越大。

如第二章所示，社会网络关于权力每一个维度的测算都基于相应类型的网络数据提供了不同的方法。根据本书的研究特征，笔者在测量点度中心性时同时采用了 Freeman 方法和 Bonacich 方法。Freeman 方法采用的是原有的多值有向网络数据，用以反映制造业整体的销项税额和进项税额关联情况。Bonacich 方法认为制造业邻域中其他行业的关联情况是决定制造业税收关联重要性的主要因素，因而将其他行业的关联情况纳入制造业点度中心性的测量。该方法采用的是经过处理后的无向二值网络数据，选取的阈值是 3/4 分位数，如前文所述，行业之间的增值税税收关联大多是较弱的关联，即使是网络中的 3/4 分位数也低于关联的平均值。选用更小的阈值不仅不能突出网络的主要关联特征，反而会增加分析的复杂性。在测量接近中心性时，笔者采用的是距离的特征值法，这种方法能够从网络整体的角度测量行业的中心性，而不是从局部连接情况判断中心性。并且这种方法分析的好处是能够利用原数据分析，而不需要根据分析方法对数据进行调整。① 在测量中介中心性时，笔者采用的是流量中心性，因为投入产出上的直接消耗和间接消耗导致行业之间的税收关联颇为复杂，行业间不仅是直接的税收关联，还有相当一部分的关联需要借助其他行业来完成，并且路径十分复杂，不是最简单的捷径距离。流量中心性测量的是行业在多大程度上位于其他行业连接的路线上，这种考虑总体税收流量的方法更加符合税收关联的实际。遗憾的是，由于方法的局限，关于中介中心性的测量也需要利用 3/4 分位数将原数据转化成无向二值数据。具体测量结果和分析结果如下：

---

① 由于测量该指标要求为对称数据，分析软件会自动将原数据转化成对称数据。

（一）点度中心性

1. 各行业的点度：制造业的出度和入度均排名第一

根据表4-23和表4-24所示的点度中心性结果可知，制造业一直是网络中出度和入度最高的行业。对于增值税网络而言，出度表示制造业与其他行业直接关联的销项税额的加总，入度代表了与其他行业直接关联的进项税额的加总，制造业在入度和出度上均排名第一。其中，制造业在出度上优势非常明显，如2017年出度排名第二的批发零售业销项关联为11020.38亿元，约为制造业的1/4；但在入度方面，制造业的优势并没有出度那么明显，排名第二的建筑业关联强度接近制造业的90%。入度和出度排名第一说明制造业在增值税网络中拥有比其他行业更多更强的税收关联，也更能影响其他行业的税收关联。制造业在销项关联上拥有的绝对优势表明，在增值税网络中制造业对其他行业拥有的税收影响力难以匹敌，制造业的税收变动能够轻易对整体增值税税收收入造成巨大影响。建筑业在进项关联强度上已非常接近制造业。考虑到建筑行业的绝大部分进项关联来源于制造业，2017年建筑业进项关联中有15384.53亿元源于制造业，占比为76.2%。所以与制造业相比，建筑业的直接税收拉动作用更集中于制造业，制造业的关联范围更加广泛，对整体税收的拉动作用也更加明显。总体来看，利用出度和入度的测量结果表明制造业是网络中与其他行业关联强度最高、关联最紧密的行业，对整体增值税税收收入有着难以匹敌的影响力。

表4-23　各行业的销项关联（出度）　　　　　　　　单位：亿元

年份\行业	2017	2015	2012	2010	2007
农林牧渔	0	0	0	0	0
采矿业	9650.72	8513.75	9772.72	15727.33	4936.10
制造业	43235.52	42581.12	30900.09	24682.11	16098.16
电热燃水	4581.11	4376.99	3649.56	3324.20	2324.08
建筑业	316.44	0	0	0	0
交通仓储运输	6723.80	5712.60	3971.08	0	0
信息软件	1191.60	846.02	507.07	0	0
批发零售	11020.38	8568.12	5857.37	3360.68	2110.61
住宿餐饮	1378.94	0	0	0	0

续表

行业＼年份	2017	2015	2012	2010	2007
金融业	3724.83	0	0	0	0
房地产业	2928.10	0	0	0	0
租赁商务服务	3509.31	2821.26	1634.93	0	0
科技服务业	1382.15	1130.53	784.66	0	0
水利公共设施	145.48	129.27	0	0	0
居民服务业	732.11	0	0	0	0
教育	86.15	0	0	0	0
卫生社保	43.14	0	0	0	0
文化娱乐	341.09	0	0	0	0
公共管理	54.99	170.58	0	0	0

表4-24　各行业的进项关联（入度）　　　　　　　单位：亿元

行业＼年份	2017	2015	2012	2010	2007
农林牧渔	4311.16	4369.32	3398.71	3620.40	1592.81
采矿业	2496.60	3359.95	2759.33	2637.24	1585.98
制造业	23499.08	19835.20	17355.65	16771.44	7032.66
电热燃水	4488.83	4171.01	3500.11	2994.74	1813.51
建筑业	20193.86	17913.61	12273.05	8558.00	5657.46
交通仓储运输	5620.06	4344.38	3554.76	3303.98	1893.62
信息软件	2237.06	1718.06	1154.46	786.58	489.22
批发零售	3591.04	2312.58	1323.89	553.69	490.85
住宿餐饮	2724.81	1921.10	1511.73	1733.85	881.04
金融业	2795.26	1329.70	1140.52	312.93	191.23
房地产业	1551.03	798.33	549.83	489.92	200.25
租赁商务服务	4809.24	4141.38	2301.06	1239.90	750.28
科技服务业	2973.67	1874.68	1415.42	562.37	231.87
水利公共设施	1007.47	732.02	470.01	356.45	148.13
居民服务业	1522.69	964.67	789.88	571.59	461.52
教育	1147.77	590.29	485.74	336.11	436.82
卫生社保	3380.24	2541.02	1566.30	1416.58	907.15
文化娱乐	739.24	550.14	396.44	267.33	189.22
公共管理	1956.76	1382.80	1130.58	581.21	515.34

从纵向的变化情况来看，代表制造业影响力的销项关联增加幅度呈较为明显的放缓趋势，2017年制造业与其他行业直接关联的销项税额为43235.52亿元，较2015年的42581.12亿元仅增加1.5%，而2015年较2012年增幅则接近40%。销项关联增速的大幅下滑意味着制造业影响其他行业增值税税收收入的能力在下降。与此同时，批发零售、交通仓储运输、租赁商务服务等行业的销项关联强度仍然呈现相对高速且稳定的增长趋势，制造业的影响力正在被这些行业所削弱。从制造业销项税额下滑的行业分布来看，采矿业、农林牧渔、租赁商务服务等行业下滑较多，但卫生社保、科技服务、居民服务业等，随着制造业与这些行业的融合发展，销项关联强度反而呈现稳步增加的趋势（见表4-25）。进项关联则经历了不同的变化过程，制造业进项关联的增幅在2010年陡增1.38倍之后，断崖式下跌到2012年的3.5%，随后逐步恢复至2015年的14.3%和2017年的18.5%。这表明虽然制造业对其他行业的税收拉动作用仍在不断增强，但是随着销项关联强度增幅趋缓，制造业对整体税收收入的影响力在下降。

表4-25　制造业销项、进项关联变化情况　　　单位：亿元

年份＼行业	2017 销项	2017 进项	2015 销项	2015 进项	2012 销项	2012 进项	2010 销项	2010 进项
农林牧渔	541.26	0.00	−979.96	0.00	−833.41	0.00	−696.75	0.00
采矿业	767.96	−880.90	−369.13	1150.76	77.87	4261.20	−894.42	−8188.31
制造业	4260.40	4260.40	−17874.12	−17874.12	−11882.78	−11882.78	−19677.59	−19677.59
电热燃水	47.06	193.97	−667.58	−565.54	−45.61	−164.72	−535.31	−715.45
建筑业	−419.23	−24.60	−4284.67	0.00	−2794.89	0.00	−2660.30	0.00
交通仓储运输	−104.04	−324.83	−555.88	−633.18	−184.05	−2137.48	−1165.79	0.00
信息软件	45.31	−83.78	−455.62	−75.70	−247.86	−88.70	−235.33	0.00
批发零售	182.19	−1315.00	−481.06	−1713.30	−101.61	−1560.13	−57.36	−835.02
住宿餐饮	−353.64	−274.11	−389.90	0.00	49.96	0.00	−496.28	0.00
金融业	−125.78	−828.57	−44.44	0.00	−206.03	0.00	−97.03	0.00
房地产业	−64.64	−33.22	−114.73	0.00	89.61	0.00	−261.44	0.00
租赁商务服务	271.21	−46.96	−1374.41	−455.29	−754.55	−527.83	−428.74	0.00
科技服务业	−509.76	176.44	−356.61	−81.26	−676.25	−366.56	−278.18	0.00
水利公共设施	−180.60	14.91	−234.40	−47.88	−76.45	0.00	−176.30	0.00

年份 行业	2017		2015		2012		2010	
	销项	进项	销项	进项	销项	进项	销项	进项
居民服务业	−205.54	−172.66	−142.60	0.00	−118.24	0.00	−79.05	0.00
教育	−181.90	−7.26	−81.61	0.00	−59.22	0.00	81.71	0.00
卫生社保	−366.30	−16.67	−917.43	0.00	−76.85	0.00	−489.70	0.00
文化娱乐	−44.48	−80.37	−119.96	0.00	−51.32	0.00	−71.71	0.00
公共管理	46.52	39.72	−111.03	−58.15	−209.09	0.00	−41.98	0.00

2. 制造业的点度：行业结构

分行业来看，2017 年，与制造业销项关联强度较高的前三名行业，即制造业税收影响力较强的三个行业依次为建筑业、交通仓储运输业、农林牧渔业，其中，制造业与建筑业的关联最为紧密，是第二名农林牧渔业的 4 倍之多，后三名依次为教育、房地产、文化娱乐。从销项关联行业排名的变化情况来看，建筑业一直是受制造业增值税税收影响最大的行业，这说明在我国不断加快的现代化、城市化进程中，对房屋、基础设施等各类建筑物的需求有力推动了制造业的发展，同时建筑业也一直承担了大量的由制造业转嫁而来的增值税税负。与此同时，第一产业农林牧渔业在销项关联强度排名上自 2007 年后一直保持在前四名，这种变化表明我国农业生产的机械化程度不断提升，对国产农业生产工具的需求非常大，从而形成了农业对制造业的高度依赖。从增速上来看，制造业与农业的销项税额关联增速非常快，从 2007 年的 1429.39 亿元增长到 2017 年的 3398.25 亿元，增幅超过 1 倍，但是分年度来看这种增速也呈现明显的下滑趋势，到 2017 年制造业与农林牧渔的销项税额关联强度降低了 13.7%。虽然其是与制造业较强的销项关联之一，但由于第一产业是增值税免税行业，农林牧渔业承担了大量难以转嫁的增值税税负。交通仓储运输是另一个受制造业税收影响很强的行业，虽然与制造业的销项税额关联也经历了从快速增长到增速大幅下滑的过程，但是可以很明显地看到 2008 年 "4 万亿" 政策作用的痕迹，其中，制造业与交通仓储运输行业的销项关联从 2007 年的 1766.68 亿元增长至 2010 年的 2932.47 亿元，增幅达 65.9%，随后增速跌至 2012 年的 6.3%。不过相较于农林牧渔业的销项关联在 2017 年大幅下跌不同，制造业与交通仓储运输行业的销项关联一直保持着增长（见表4-26）。

表4-26　相关年份制造业的税收关联情况　　　　　单位：亿元

行份\年份	2017		2015		2012		2010		2007	
行业	销项	进项	销项	进项	销项	进项	销项	进项	销项	进项
农林牧渔	3398.25	0	3939.51	0	2959.55	0.00	2126.14	0	1429.39	0
采矿业	1673.36	7830.76	2441.32	6949.86	2072.19	8100.63	2150.06	12361.83	1255.64	4173.52
制造业	83149.72	83149.72	87410.11	87410.11	69536.00	69536.00	57653.22	57653.22	37975.63	37975.63
电热燃水	2397.68	2776.61	2444.74	2970.58	1777.17	2405.04	1731.56	2240.32	1196.25	1524.87
建筑业	15384.53	24.60	14965.30	0	10680.63	0	7885.74	0	5225.45	0
交通仓储运输	3776.45	3095.49	3672.41	2770.67	3116.52	2137.48	2932.47	0	1766.68	0
信息软件	1315.61	248.18	1360.92	164.40	905.30	88.70	657.44	0	422.12	0
批发零售	893.65	6757.71	1075.84	5442.72	594.78	3729.41	493.17	2169.29	435.81	1334.26
住宿餐饮	1950.57	274.11	1596.93	0	1207.03	0	1256.98	0	760.70	0
金融业	632.45	828.57	506.66	0	462.22	0	256.19	0	159.17	0
房地产业	537.72	33.22	473.08	0	358.36	0	447.96	0	186.53	0
租赁商务服务	2986.21	1030.08	3257.42	983.12	1883.01	527.83	1128.46	0	699.72	0
科技服务业	2034.60	271.37	1524.85	447.82	1168.23	366.56	491.99	0	213.80	0
水利公共设施	802.67	32.97	622.07	47.88	387.67	0	311.23	0	134.93	0
居民服务业	963.24	172.66	757.71	0	615.11	0	496.87	0	417.82	0
教育	599.26	7.26	417.36	0	335.74	0	276.53	0	358.24	0
卫生社保	2662.62	16.67	2296.32	0	1378.88	0	1302.03	0	812.33	0
文化娱乐	458.29	80.37	413.81	0	293.85	0	242.53	0	170.83	0
公共管理	768.35	18.43	814.87	58.15	703.84	0	494.75	0	452.77	0

在进项关联中，2017年对制造业依赖性较强的三个行业依次为采矿业、批发零售业、交通仓储运输业，除农林牧渔不征收增值税外，对制造业增值税依赖较低的三个行业依次为公共管理、卫生社保、教育。作为制造业较重要的生产投入来源，采矿业和批发零售业一直是制造业较重要的两个进项关联行业。这种关联特征体现了我国制造业生产的生产资料密集型特征，我国制造业价值创造和税收形成仍然是以大量生产资料和制成品投入为基础，属于典型的工业税收体系。在前文税收集群的分析中，制造业与零售业的关联被认为是整个税收网络中最重

要的关联，这种观点在此得到再次印证。虽然制造业与采矿业的进项关联经历了2010 年的暴涨和 2012 年、2015 年的大跌，与批发零售业的进项关联增速呈波动放缓趋势，但基本的进项关联分布格局并未改变，2017 年制造业与批发零售业的进项关联强度是制造业与第二名关联强度的两倍多。不过整个工业税收体系也逐渐出现了新的变化，交通仓储运输业逐渐取代电热燃水业成为制造业第三重要的进项关联行业，在生产资料、消费与生产过程不断分离的趋势下，运输在制造业的价值创造和成本构成中起着越来越重要的作用。交通仓储运输业与制造业形成的增值税税收关联也越来越紧密，在进项关联和销项关联中，交通仓储运输业都是制造业较紧密的税收关联（见表 4–27）。

表 4–27　相关年份与制造业关联强度较高的三个行业

2017 年		2015 年		2012 年		2010 年		2007 年	
销项	进项	销项	进项	销项	进项	销项	进项	销项	进项
建筑业	采矿业	建筑业	采矿业	建筑业	采矿业	建筑业	采矿业	建筑业	采矿业
交通仓储运输	批发零售	农林牧渔	批发零售	交通仓储运输	批发零售	交通仓储运输	批发零售	交通仓储运输	批发零售
农林牧渔	交通仓储运输	交通仓储运输	电热燃水	农林牧渔	电热燃水	农林牧渔	电热燃水	采矿业	电热燃水

（二）接近中心性

点度中心性的分析表明，在直接关联强度上制造业相比其他行业拥有更大的权力，虽然这种权力在影响力的扩张上逐渐式微，但制造业相对于其他行业的税收重要性仍然保持着稳定的上升势头。点度中心性考虑的是包含所有关联强度的权力问题，但还不能保证制造业是否处于增值税网络的中心。因为这种测量可能忽略了一些虽然处于网络边缘，但点度很高的点。接近中心性则提供了关于每个行业是否处于网络中心的测量，它从整体的角度考虑每个行业在网络中的位置。接近中心性的测量一般适用于节点较多、规模较大的网络，对于每个行业基本都关联的增值税网络可能应用价值不高。不过为了进一步印证制造业的税收地位，笔者还是给出了每个行业关于接近中心性的测量指标（见表 4–28）。不出所料，制造业仍然以较大的优势处于网络的中心，虽然 2017 年制造业的接近中心性指标仅高于 2010 年，但与其他行业相比优势依然明显。

表 4-28 相关年份各行业的接近中心性

年份 行业	2017	2015	2012	2010	2007
制造业	0.973	0.978	0.978	0.968	0.982
建筑业	0.174	0.161	0.145	0.125	0.131
采矿业	0.089	0.076	0.112	0.199	0.106
批发零售	0.079	0.061	0.052	0.035	0.034
交通仓储运输	0.045	0.042	0.044	0.047	0.044
农林牧渔	0.038	0.042	0.040	0.038	0.036
租赁商务服务	0.035	0.036	0.026	0.018	0.017
电热燃水	0.034	0.035	0.036	0.041	0.042
卫生社保	0.030	0.025	0.019	0.021	0.020
科技服务业	0.025	0.018	0.017	0.008	0.005
住宿餐饮	0.022	0.017	0.016	0.021	0.019
信息软件	0.015	0.015	0.013	0.010	0.011
金融业	0.011	0.006	0.007	0.004	0.004
居民服务业	0.011	0.008	0.008	0.008	0.010
公共管理	0.009	0.009	0.010	0.008	0.011
水利公共设施	0.009	0.007	0.005	0.005	0.003
房地产业	0.007	0.005	0.005	0.007	0.005
教育	0.007	0.005	0.005	0.004	0.009
文化娱乐	0.005	0.004	0.004	0.004	0.004

（三）中介中心性

在增值税网络中，各行业基本上都实现了直接的税收关联，点度中心性证明了只考虑直接关联的情况下，制造业一直处在整个网络权力的顶端。不过这种测量只考虑了制造业对其他行业增值税税收收入的直接影响力和拉动作用，忽视了如果考虑间接税收关联，制造业会在网络中处于什么样的位置。在现实的经济循环中产业间还存在非常复杂的间接关联，一个行业的产出变动会通过中间行业对其他行业产出产生更大的拉动作用或推动作用，行业产出的变化正是通过这种间接关联被放大的。产出上的间接关联也能衍生出增值税税收上的间接销项关联或进项关联。行业间要实现间接税收关联，必须以其他产业为桥梁。中介中心性测量的是各个行业桥梁作用的大小，一个行业中介中心性越高说明该行业的桥梁作用越明显，其他行业大量的间接税收关联要通过这个行业来实现。

表4-29 反映了各行业的流量中心性，可以看到，制造业的中介中心性要远远高于其他行业的，且其中介作用有增强的趋势。图的中心势这项指标表明，网络的中介效应比较低，2017年只有不到四成的中介效应与制造业相关。中介中心性的中心势指标表明，整个增值税网络的增值税税收中转对制造业依赖性不高，但这种依赖性变得越来越强。

表4-29　相关年份各行业的流量中心性

年份 行业	2017	2015	2012	2010	2007
农林牧渔	0.00	0.00	0.00	0.00	0.00
采矿业	1.82	1.66	1.36	1.02	0.42
制造业	39.03	32.28	27.56	14.35	14.80
电热燃水	3.53	2.72	1.49	0.82	0.92
建筑业	6.25	0.00	0.00	0.00	0.00
交通仓储运输	5.95	2.97	2.95	0.00	0.00
信息软件	2.52	1.21	0.98	0.00	0.00
批发零售	6.04	3.63	3.59	0.75	0.79
住宿餐饮	2.13	0.00	0.00	0.00	0.00
金融业	10.06	0.00	0.00	0.00	0.00
房地产业	6.28	0.00	0.00	0.00	0.00
租赁商务服务	5.74	5.23	1.87	0.00	0.00
科技服务业	2.35	0.55	0.51	0.00	0.00
水利公共设施	1.02	0.23	0.00	0.00	0.00
居民服务业	1.58	0.00	0.00	0.00	0.00
教育	2.38	0.00	0.00	0.00	0.00
卫生社保	1.24	0.00	0.00	0.00	0.00
文化娱乐	1.24	0.00	0.00	0.00	0.00
公共管理	6.35	1.61	0.00	0.00	0.00
图的中心势	35.34%	31.18%	26.86%	14.21%	14.68%

决定制造业具有很强中介作用的根本原因在于制造业与其他行业拥有更高强度的销项关联和进项关联。在各个行业基本实现税收关联的条件下，其他行业通过制造业对税收网络产生的税收收入影响，要远大于通过另外一些行业所产生的影响。当然与制造业关联强度更高的行业利用制造业的中介作用所产生的税收影响也越大，这也是批发零售、交通仓储运输、建筑等行业拥有较强中介作用的原因。对于制造业而言，在税收网络中起着重要的桥梁作用是一个很大的优势，这意味着制造业是影响增值税税收收入最关键的管道，降低制造业的增值税税负能够收缩这个管道，并产生非常大的减税效应。

（四）"营改增"提升了制造业的税收影响力

关于网络权力的测量表明制造业在网络中的权力远高于其他行业，虽然制造业的点出度呈下降趋势，制造业对其他行业的税收影响力在下降，但代表制造业拉动其他行业税收能力的点入度却呈现上升的趋势。这说明虽然制造业在网络中的税收影响力在下降，但这种变化并不是"营改增"带来的，而是因为其他行业对制造业需求的下滑导致的制造业销项税额下降。"营改增"的推进反而提升了制造业在税收网络中的权力，特别制造业对其他行业的税收拉动能力，因为"营改增"大幅度增加了需要通过制造业取得销项税额的行业数量。制造业在税收网络中的作用反而越来越重要，如果只是从税收收入份额的视角来判断制造业的税收地位，肯定难以得出如此丰富的结论。

二、制造业的结构洞指标：受限的税负转嫁行为

社会网络理论认为，网络结构会对网络节点所面临的信息、资源、机会产生影响，进而影响网络节点的行为（Borgatti，2009）。经过前文的分析发现，制造业在增值税网络中拥有最高的权力，是网络中最重要的行业。但是处在这样中心的位置是否意味着制造业具有很强的税负转嫁能力？回答这一问题，需要进一步测量制造业的结构洞指标，观察网络中其他行业对制造业的约束情况。

从对偶的限制程度来看，制造业对其他行业都有着较强的约束，其他行业对制造业的约束却比较小（见表4-30）。在2017年，制造业对农林牧渔、卫生社保、建筑业等三个行业的限制程度较高，而建筑业、采矿业、批发零售业等能够对制造业起到较小的约束。可以明显看到，随着"营改增"的扩围，网络关联

表 4-30　对偶限制度

年份 行业	2017		2015		2012		2010		2007	
	限制	被限制	限制	被限制	限制	被限制	限制	被限制	限制	被限制
农林牧渔	0.806	0.003	0.944	0.005	0.930	0.004	0.863	0.006	0.965	0.004
采矿业	0.821	0.027	0.859	0.031	0.860	0.058	0.865	0.169	0.905	0.072
制造业	0.000	0.000	0.000	0.000	0.000	0.000	0.000	0.000	0.000	0.000
电热燃水	0.725	0.013	0.824	0.015	0.826	0.018	0.852	0.020	0.894	0.029
建筑业	0.769	0.073	0.895	0.073	0.927	0.059	0.973	0.041	0.971	0.057
交通仓储运输	0.618	0.021	0.785	0.020	0.821	0.020	0.966	0.006	0.977	0.006
信息软件	0.480	0.001	0.732	0.001	0.737	0.001	0.982	0.001	0.984	0.001
批发零售	0.614	0.029	0.772	0.023	0.785	0.017	0.890	0.008	0.919	0.012
住宿餐饮	0.568	0.002	0.900	0.001	0.890	0.001	0.922	0.002	0.952	0.001
金融业	0.335	0.003	0.657	0.002	0.696	0.002	0.985		0.985	
房地产业	0.245	0.001	0.756		0.805		0.967		0.976	
租赁商务服务	0.498	0.008	0.712	0.009	0.717	0.005	0.974	0.001	0.981	0.001
科技服务业	0.669	0.003	0.833	0.002	0.855	0.002	0.965		0.977	
水利公共设施	0.743	0.000	0.845	0.000	0.907	0.000	0.957		0.968	
居民服务业	0.533	0.001	0.877	0.000	0.883	0.000	0.963		0.971	
教育	0.509	0.000	0.842	0.000	0.855	0.000	0.925		0.926	
卫生社保	0.794	0.002	0.944	0.002	0.937	0.001	0.978	0.001	0.970	0.001
文化娱乐	0.511	0.000	0.862	0.000	0.875	0.000	0.976		0.974	
公共管理	0.476	0.000	0.700	0.000	0.817	0.000	0.945		0.957	

增多，制造业对其他行业的限制在逐渐变弱，但其他行业对制造业的限制并没有增强。进一步观察整体的结构洞数据（见表 4-31），发现制造业利用网络优势控制其他税收关联的能力并没有对偶限制中表现出的那么强。反映制造业利用结构洞影响范围的效能（有效规模）表明，制造业的影响范围非常广，邻域的有效规模在所有行业中一直排名第一，并且利用影响力的效率也排名第一。局限和层级指标也表明，制造业的约束力很强，能够对很多行业产生约束，但这些指标都是随着"营改增"的扩展而不断降低。结构洞的综合测量指标表明，因为制造业拥有更强的税收关联强度，这种优势同时给制造业带来位置上的优势，它对其他行业的税负转嫁约束比较强，特别是对采矿业、建筑业、农林牧渔业等与其关联强度较高的行业。此外，房地产业、金融业、公共管理等行业虽然整体关联强度不高，但结构洞优势非常明显，在与其他行业的税收关联中占据了极大优势。

表4-31 各行业的结构洞指标

年份 行业	2017				2015				2012				2010				2007			
	效能	效率	局限	层级	效能	效率	局限	层级	效能	效率	局限	层级	效能	效率	局限	层级	效能	效率	局限	层级
农林牧渔	4.53	0.25	0.94	0.77	1.76	0.18	1.09	0.74	1.79	0.22	1.11	0.68	1.71	0.43	1.43	0.44	1.26	0.31	1.27	0.45
采矿业	4.79	0.27	0.94	0.80	4.11	0.24	0.99	0.80	3.81	0.22	0.98	0.81	4.04	0.25	0.95	0.85	3.33	0.21	1.02	0.82
制造业	16.62	0.92	0.19	0.34	17.16	0.95	0.18	0.37	17.25	0.96	0.19	0.39	17.21	0.96	0.25	0.60	17.64	0.98	0.19	0.46
电热燃水	7.98	0.44	0.88	0.75	6.84	0.38	0.99	0.77	7.58	0.42	1.03	0.76	6.69	0.37	1.12	0.76	6.51	0.36	1.08	0.79
建筑业	5.15	0.29	0.86	0.82	2.33	0.23	1.00	0.78	1.81	0.23	1.05	0.75	1.19	0.30	1.25	0.54	1.17	0.29	1.16	0.59
交通仓储运输	8.03	0.45	0.74	0.73	6.66	0.37	0.92	0.78	5.79	0.32	0.94	0.79	1.24	0.31	1.37	0.47	1.16	0.29	1.27	0.47
信息软件	9.46	0.53	0.63	0.64	7.37	0.41	0.87	0.75	7.38	0.41	0.87	0.75	1.19	0.40	1.42	0.25	1.16	0.39	1.43	0.25
批发零售	8.52	0.47	0.74	0.73	7.31	0.41	0.90	0.78	7.36	0.41	0.90	0.78	6.27	0.35	1.05	0.78	6.24	0.35	1.05	0.80
住宿餐饮	8.20	0.46	0.70	0.69	2.28	0.23	1.08	0.69	2.23	0.28	1.10	0.64	1.52	0.38	1.44	0.43	1.33	0.33	1.29	0.41
金融业	13.10	0.73	0.51	0.53	5.18	0.58	0.93	0.54	4.04	0.58	0.96	0.50	1.20	0.40	1.48	0.23	1.18	0.39	1.49	0.23
房地产业	14.53	0.81	0.48	0.47	4.24	0.42	0.97	0.62	3.21	0.40	1.02	0.59	1.23	0.31	1.43	0.42	1.17	0.29	1.36	0.40
租赁商务服务	9.01	0.50	0.65	0.65	7.12	0.40	0.85	0.75	7.10	0.39	0.85	0.75	1.23	0.31	1.41	0.44	1.17	0.29	1.32	0.43
科技服务业	8.28	0.46	0.86	0.72	6.30	0.35	1.02	0.76	5.69	0.32	1.02	0.77	1.28	0.32	1.45	0.43	1.19	0.30	1.36	0.41
水利公共设施	5.57	0.31	0.86	0.76	4.45	0.25	0.97	0.78	2.08	0.26	1.12	0.64	1.28	0.32	1.46	0.42	1.20	0.30	1.36	0.40
居民服务业	8.78	0.49	0.67	0.67	2.65	0.27	1.06	0.68	2.36	0.29	1.09	0.63	1.30	0.33	1.44	0.43	1.23	0.31	1.33	0.41
教育	8.97	0.50	0.65	0.66	3.29	0.33	1.03	0.67	2.92	0.37	1.06	0.62	1.44	0.36	1.39	0.39	1.42	0.36	1.30	0.38
卫生社保	4.60	0.26	0.93	0.77	1.74	0.17	1.10	0.72	1.73	0.22	1.13	0.66	1.20	0.30	1.41	0.45	1.26	0.31	1.30	0.43
文化娱乐	8.88	0.49	0.64	0.66	2.90	0.29	1.05	0.67	2.58	0.32	1.09	0.62	1.23	0.31	1.45	0.43	1.24	0.31	1.35	0.40
公共管理	10.56	0.59	0.61	0.64	7.76	0.43	0.86	0.72	3.34	0.42	1.03	0.60	1.38	0.34	1.40	0.41	1.29	0.32	1.32	0.40

本章小结

经过对增值税税源结构进行宏观、中观、微观三个层次的分析，发现"营改增"和经济发展极大地提升了增值税税源规模，税收网络中的税收关联数量和强度大幅度增加。但是，整个增值税税源结构却呈现明显的不均衡趋势，各个行业之间的税收关联强度分化严重，增值税税收网络中大部分是关联强度较弱的销项关联和进项关联，关联强度较高的税收关联主要集中在制造业等少数几个行业中。在分析次级结构上，增值税税源结构呈现出明显的中心—边缘结构，制造业等行业所隶属的税收集群数量远超其他行业，并占据着网络中最重要的税收关联，与其他行业相比，制造业单独占据了网络中的一个位置，扮演着税收净流出的角色，居于网络的中心位置。部分行业因为与其他行业关联度较弱，不隶属于任何税收集群，在税收网络中处于边缘地位。制造业的中心位置在中心性分析中进一步得到明确，制造业的点出度和点入度远超其他行业。建筑业、农林牧渔业、交通仓储运输业是与制造业销项关联强度较高的三个行业，采矿业、批发零售业、交通仓储运输业等三个行业与制造业进项关联强度较高。制造业在接近中心性、中介中心性这两项衡量网络权力的指标上也处于非常明显的优势地位。结构洞指标的测量结果同样表明，制造业不仅拥有很好的中心性，并且位置优势也非常明显，对其他行业的约束能力很强，在税负转嫁上制造业可能会有非常明显的优势。

结论表明，虽然"营改增"提升了整个增值税税源结构的规模，也降低了制造业贡献的增值税税收收入份额，但增值税一直是并且仍然是增值税税源结构中最重要的行业，它对其他行业的税收收入影响力和拉动能力远非其他行业所能比的。制造业之所以在网络中占据这样重要的位置，主要原因有两个方面：一方面制造业是整个国民经济的支柱行业，与其他行业有着广泛且紧密的投入产出关联；另一方面制造业适用较高的增值税税率。这两方面决定了制造业与其他行业的销项关联—进项关联强度都比较高。正是拥有较多且很强的税收关联，制造业才能够在网络中拥有比其他行业更多的权力。从关联的角度来看，"营改增"确实对制造业的网络位置产生了正面影响，它显著提升了制造业的进项关联强度，从而增加了制造业的税收收入拉动能力。虽然制造业的税收收入影响力（销项税额）在下滑，但与"营改增"无关，而是经济不景气、需求低迷的结果。但是"营改增"也确实对制造业的网络位置造成了负面影响，随着网络关联数量的增加，制造业的结构洞优势在下滑，这意味着制造业在增值税税收网络中控制税负转嫁的能力在下降。

第五章　制造业内部税收关联结构测量

关于制造业网络位置的分析表明，制造业是增值税税源结构中最重要的行业。不过笔者也发现，制造业与其他行业的税收关联强度远不及制造业与自身的税收关联强度。如2017年制造业与自身的销项关联强度占制造业的销项关联强度总和之比超过66%，制造业与其他行业的税收关联强度占比不到34%。制造业内部非常高的增值税税收关联强度表明，制造业本身具有非常强的自我循环特征，制造业内部各行业的税收关联结构远比制造业与其他行业之间的税收关联更为复杂，制造业与其他行业构建的税收网络背后有一个更强大的内部增值税税收网络在支撑。这表明，要全面理解制造业的税收关联特征、制造业在增值税网络中的位置及变化趋势，需要深入解析制造业内部的增值税税源结构特征。

本章将分析制造业这个超级网络节点的内部网络结构特征，以进一步理解制造业的税收关联特征及变化趋势。本章分为两个部分：一是关于制造业增值税网络整体结构特征的分析，与上一章相似，这部分内容主要测量网络的密度、路径、关联度等指标，这些指标的测量包括完整网络和强关联网络。此外，这部分内容还会测量制造业内部各个行业的中心度，分析每个行业在制造业增值税网络中的地位和作用。与增值税整体网络不同的是，本章只分析网络的整体结构特征，并不具体分析某个行业的税收关联特征。二是分析制造业增值税网络中的次级结构，这部分主要关注网络中的小团体和重要的税收关联。与上一章分析制造业在网络中的可替代性不同，本章并不会重点关注哪一个行业，所以关于次级结构的分析不涉及结构对等分析。

第一节　数据来源及处理

在基本数据处理方面，本章参考了上一章的行业归并和税率确定方法，按照国民经济行业分类（2011）① 将 2017 年、2012 年、2007 年的投入产出表中的四级行业合并成 18 个三级行业。在税率确定上，由于制造业的增值税税率一直保持稳定，因此数据处理工作量也大幅减少，只需要确定食品和烟草、化学品两个行业的综合税率。2015 年投入产出表中只有三级行业数据，缺少相应的四级行业数据，从而无法利用加权税率确定这两个行业的税率，因此就近沿用 2017 年的行业税率。此外，由于 2010 年只归并了制造业下的二级行业数据，其中一些行业分类相对综合，跟其他几年的行业分类不相匹配，如果以 2010 年的口径对其他年份的行业进行重新归类会导致行业类别减少，一些重要的二级行业被合并为同一个行业，难以观察到这些行业间的税收关联。出于这方面考虑，笔者剔除了 2010 年的数据，利用其他 4 年的数据分析制造业内部税收关联的特征及变化趋势。由于无法明确各行业之间的固定资产交易量，所以本节所计算的税收关联并未考虑这一因素，这有可能削弱一些设备制造行业的网络位置但这种妥协属于无奈之举。具体行业名称及税率如表 5-1 所示。

表 5-1　制造业各行业的增值税税率

行业	行业（简称）	2017 年	2015 年	2012 年	2007 年
食品和烟草	食品烟草	0.140	0.140	0.147	0.146
纺织品	纺织品	0.170	0.170	0.170	0.170
纺织服装鞋帽皮革羽绒及其制品	纺织服装	0.170	0.170	0.170	0.170
木材加工品和家具	木材家具	0.170	0.170	0.170	0.170

---

① 之所以采用 2011 年的分类是为了保持行业分类上的一致性，因为 2015 年的投入产出表是按照 2011 年的分类标准制定的，若采用 2017 年的分类标准会产生较大偏差。

续表

行业	行业（简称）	2017 年	2015 年	2012 年	2007 年
造纸印刷和文教体育用品	文体用品	0.170	0.170	0.170	0.170
石油、炼焦产品和核燃料加工品	石油加工	0.170	0.170	0.170	0.170
化学品	化学品	0.167	0.167	0.167	0.167
非金属矿物制品	非金属	0.170	0.170	0.170	0.170
金属冶炼和压延加工品	金属冶炼	0.170	0.170	0.170	0.170
金属制品	金属制品	0.170	0.170	0.170	0.170
通用设备	通用设备	0.170	0.170	0.170	0.170
专用设备	专用设备	0.170	0.170	0.170	0.170
交通运输设备	交通运输设备	0.170	0.170	0.170	0.170
电气机械和器材	电气机械	0.170	0.170	0.170	0.170
通信设备、计算机和其他电子设备	电子设备	0.170	0.170	0.170	0.170
仪器仪表	仪器仪表	0.170	0.170	0.170	0.170
其他制造业	其他制造业	0.170	0.170	0.170	0.170
废弃资源和废旧材料回收加工品	废品废料	0.170	0.170	0.170	0.170

第二节　制造业增值税税收网络的整体结构

笔者将首先分析包含所有税收关联构成的网络，了解整体制造业增值税网络的基本网络特征。如果考虑所有的税收关联，相应年份的制造业增值税网络基本上是一个完备网络，网络密度、互惠性、连通性等特征都达到了完备网络的标准。但是这种整体分析并不能完全展示制造业增值税税收网络的整体关联特征，还需进一步借助强关联网络分析网络中的税收关联分布情况和网络的骨架结构。本节将沿用前文的阈值法构建强关联网络，以此为基础分析强关联网络的整体关联特征。在分析完整体网络和强关联网络的结构特征后，笔者将回到具体的税收关联中，通过税收关联的强弱差异区分出制造业增值税网络中的权力分布情况，找出最重要、最有影响力，以及充当税收关联桥梁的行业。

一、各行业税收关联强度呈现下降趋势

制造业各行业基本上都存在增值税税收关联，构成了一个相对完整的增值税税收网络。除 2017 年外，其余年份制造业各行业间都存在一定强度的税收关联，如果仅考虑税收关联是否存在，这些年份的制造业增值税税收网络都可看作是一个完备的网络。2017 年的情况比较特殊，因为废品废料与食品烟草等 8 个行业的销项关联为 0，在 2017 年投入产出表中这些数据均为 0，这意味着食品烟草等 8 个行业与废品废料行业没有任何的投入产出关联。如果排除投入产出表统计或数据处理问题，那么很可能是因为统计口径调整导致了这一结果，现有的统计准则收窄了利用废品废料行业产品服务的规定。不过总体上，这种少量的税收关联缺失对整体网络规模影响不大，2017 年制造业增值税税收网络的关系数量仍达到 298 个，整体密度达到 97%，是一个关联非常紧密的网络，各个行业的税收收入彼此关联、相互影响。

行业间的销项关联强度经历了快速增长到逐步放缓的变化过程。平均销项关联和最大销项关联在经历了 2007 年到 2012 年的快速增长后，逐步放低了增长速度，到 2017 年甚至出现了下降的趋势，平均销项关联从 2015 年的 115.7 亿元下降到 2017 年的 107.8 亿元，降幅达到 6.9%；最大销项关联也下降到 1930.7 亿元，降幅为 11.2%。这两项指标的下降表明，制造业增值税税收网络在全面收缩，制造业各行业在生产环节对增值税税收收入的贡献能力在不断下降。在宏观需求不振、产业链升级、产业转移等因素的影响下，我国制造业内部各行业的相互依赖性呈现明显的下降趋势（见表 5-2）。

表 5-2　整体网络的特征

指标＼年份	2007	2012	2015	2017
行业数	18	18	18	18
关系数	306	306	306	298

续表

指标 ＼ 年份	2007	2012	2015	2017
密度	1	1	1	0.97
平均销项（万元）	579188	948276	1157171	1077810
最大销项（万元）	11098966	18903866	21743926	19306552
标准差	1310940	2281435	2589069	2449543

二、强税收关联主要集中在少数行业

如果不考虑关联上的差异，制造业增值税网络是一个很均衡、同质性很强的网络。一旦考虑到税收关联的强弱区别，就会发现各行业税收关联的异质性非常强，支撑整个网络的强关联非常少，并且这些强关联主要集中于少数行业。由强税收关联构成的增值税网络的结构特征与完整网络的结构特征有很大差异。参考上一章构建增值税强关联网络的方法，本节构建了制造业的增值税强关联网络（销项网络和进项网络），具体测量指标如表 5-3 所示。

表5-3　制造业增值税的强关联网络特征

年份	网络	行业数	关系数	密度	平均路径长度	平均点度	互惠性
2007	销项网络	18	63	0.206	1.9	3.500	0.125
	进项网络	18	53	0.173	2.3	2.944	0.060
2012	销项网络	18	54	0.176	1.9	3.000	0.080
	进项网络	18	59	0.193	2.1	3.278	0.093
2015	销项网络	18	60	0.196	1.9	3.333	0.071
	进项网络	18	62	0.203	2.0	3.444	0.107
2017	销项网络	18	56	0.183	2.1	3.111	0.037
	进项网络	18	55	0.180	2.4	3.056	0.078

（一）强关联呈现明显的集中化趋势

制造业增值税网络大部分行业之间的税收关联是弱连接，强税收关联数量占比约为原网络的 1/5。无论是在进项网络还是销项网络中，强税收关联的数量都非常少，只有原网络的1/6～1/5。这表明制造业增值税税收网络中绝大多数行业之间的税收关联都比较弱，每个行业来自其他行业的大部分销项税额（进项税额）在该行业的销项税额（进项税额）中占比都不到5%，制造业内部各行业之间的强税收关联比例很少，而大部分销项税额（进项税额）集中在少数行业之间。与整体增值税税收网络相比，制造业增值税税收网络中强税收关联占比更少，网络中的税收关联不均衡特征更强。

产业间的强税收关联数量趋于下降，强税收关联进一步向少数行业集中。从关联数量变化趋势上看，销项网络中的关系数量从2007年到2017年经历了下降到上升再到下降的过程。销项网络税收关联数量下降说明网络总体影响力在下降，网络中部分行业涉及其他行业的销项税额更加分散，一些行业与部分行业的销项税额降低到5%。导致这种变化的可能性有两种：一种是销项税额向部分行业集中；另一种是销项税额向本行业集中，或者是两种因素共同作用的结果。如2017年化学品和非金属制品等5个行业的点入度较2015年有所下降，仅交通运输设备、电子设备、食品烟草三个行业出现增长，反映关联向部分行业集中的指标图的中心势也创下历年最高，达到36.68%。

进项网络中的强关联数量在2007年到2015年期间是上升的，在2015年达到顶点后开始下降。进项网络关联数量下降说明部分行业进项税额的集中化趋势，一些行业对自身的投入或者特定行业的投入依赖变得更高。但总体来看，强关联数量的变化并不大。强关联网络的数量也可以从平均点度得到印证，在历年的强关联网络中，基本上每个行业只与3个行业相连。这意味着网络中大多数行业的销项关联和进项关联强度都非常小，每个行业平均意义上的影响力和重要性也非常低。

网络中税收关联的集中化也充分体现在平均路径长度和互惠性这两个指标上。平均路径长度在2左右变动表明，强关联网络中行业间的相互连接需要借助其他行业，这意味着一些行业充当了重要的中介作用。因为缺少连接，网络中存在互惠关系的行业也非常少，2017年销项网络的互惠性不到4%，这意味着网络中只有两对互惠关系，其他关系都是非对称性的。即使占比最高的2007年，互惠关系对数也没超过8对。互惠性较低意味着网络的非平衡性和破碎化，这从另一个角度也说明了制造业增值税网络中权力非常集中，个别行业拥有巨大的影响力或中介作用。

（二）强进项关联的集中化趋势更明显

在销项网络中，一个行业点入度越高说明该行业越重要，因为它是多数行业非常重要的销售市场，多数行业5%及以上的销项税额来源于这个行业。如表5-4所示，交通运输设备、电气机械、电子设备三个行业在2017年具有较强的影响力，其中，交通运输设备行业的点入度为9，说明有9个行业5%以上的销项税额来源于交通运输设备行业。不过我们也能看到，即使交通运输设备等行业具有较强的影响力，但是这种优势在网络中并不大，不到40%的中心势指标印证了这个判断。总体来看，制造业各行业对网络整体的销项税额拉动能力并不强。

在进项网络中，一个行业点出度越高说明它的影响力越强，因为该行业在多数行业的进项税额中占据了较高的份额，其他行业对它有很强的依赖性。表5-4中进项网络呈现出的点度数据完全不同于销项网络，在该网络中化学品具有绝对的优势，2017年，14个行业的进项税额中有5%及以上来源于化学品行业，这足以说明化学品行业在制造业税源结构中的重要性。金属冶炼是仅次于化学品行业的第二大行业，2017年该行业有9个销项关联。化学品和金属冶炼两个行业集中了网络中多数的销项关联，接近70%的中心势说明我国工业生产严重依赖本土原材料，这也进一步说明我国制造业是以重工业和资源密集型为主的结构特征。不过，中心势逐渐降低意味着我国制造业正在转型升级，逐步摆脱对资源的依赖。

表5-4　各行业强关联网络的点度

年份 行业	2017		2015		2012		2007	
	销项网络	进项网络	销项网络	进项网络	销项网络	进项网络	销项网络	进项网络
食品烟草	2	0	1	3	1	1	2	1
纺织品	0	2	0	3	0	3	1	2
纺织服装	2	0	2	0	2	0	2	0
木材家具	1	0	1	0	0	0	3	0
文体用品	2	1	3	0	3	1	3	2
石油加工	0	3	0	3	0	3	3	3
化学品	4	14	8	16	5	16	2	15

续表

年份 行业	2017		2015		2012		2007	
	销项网络	进项网络	销项网络	进项网络	销项网络	进项网络	销项网络	进项网络
非金属	5	1	8	0	5	1	4	0
金属冶炼	5	9	5	9	5	10	5	9
金属制品	3	6	4	7	3	7	8	6
通用设备	5	5	6	8	6	5	4	5
专用设备	5	0	4	0	6	0	4	0
交通运输设备	9	2	7	2	7	1	0	0
电气机械	7	6	7	6	7	6	4	4
电子设备	6	4	4	4	4	4	1	3
仪器仪表	0	0	0	0	0	0	6	0
其他制造业	0	0	0	0	0	0	7	1
废品废料	0	2	0	1	0	1	4	2
中心势	36.68%	68.17%	29.07%	78.20%	24.91%	79.24%	28.03%	75.09%

三、不均衡的制造业增值税税收网络

总体来看，制造业增值税税收网络的结构比较完整，各个行业基本上都存在增值税税收关联，但网络的平均关联强度自 2015 年后表现出明显的下降趋势，各个行业之间的税收关联紧密性下滑明显。与增值税税收网络相似，制造业内部的税收关联大部分是弱关联，强关联的比例甚至小于增值税税收网络。制造业内部的税源结构同样表现出非常不均衡的一面，交通运输设备、电气机械、电子设备三个行业拥有的强销项关联强度远超其他行业，而化学品、金属冶炼两个行业的强进项关联强度也远超其他行业，这些行业很可能是制造业增值税网络中较重要的行业。随着网络中平均关联强度的下滑，网络中的强税收关联数量也出现下降趋势，并逐步向少数行业集中。其中，进项网络的强税收关联更加集中，化学品、金属冶炼在进项网络中的重要性远超交通运输设备、电气机械、电子设备在销项网络中的重要性。关于制造业增值税整体网络结构的分析表明，制造业内部各行业的税收地位存在很大差别。

第三节　制造业增值税税收网络中的中心行业

如前文所述，整个制造业增值税税收网络具有很强的异质性特征，部分行业处在网络的中心位置，拥有较强的影响力。但这种整体结构的分析并未考虑更加具体的税收关联特征，难以确定各行业在制造业增值税税收网络中的地位。本节将集中分析制造业内部各行业的税收关联情况，测量各个行业的中心性指标，以确定网络中的中心行业。笔者先是描述了点度中心性，从重要性和影响力两个方面评估各行业的网络位置，找出对其他行业影响最大、拉动最明显的行业；而后描述了各行业的中介中心性，以找出在税收关联中桥梁作用最明显的行业，这类行业是增加网络中税收流量的关键节点。

一、最重要和最有影响力的行业

点度中心性一般将销项关联强度（点出度）最高的行业视为税收影响力最强，将进项关联强度（点入度）最高的行业视为在税收网络中重要性最高的行业。各行业的点度中心性及排名如表5-5、表5-6所示。

表5-5　各行业点度中心性的分布情况　　　　　单位：万元

年份 行业	2017		2015		2012		2007	
	销项关联	进项关联	销项关联	进项关联	销项关联	进项关联	销项关联	进项关联
食品烟草	9909196	9103237	13941565	6542741	8263986	6075177	3945135	4762965
纺织品	23403242	7501413	27668300	6836510	21096576	6371394	11011564	6686672
纺织服装	5142927	26126008	5494958	25253752	3131576	20705538	2651027	12417625
木材家具	4138321	6859324	4310216	7361400	3162522	5269821	2471253	3688902
文体用品	8452032	16873924	9662182	17391340	7416915	13126598	6071808	6963087
石油加工	21503804	2937764	22770824	5230255	23118396	3073392	12951332	1773437
化学品	57737140	25074592	65137472	32434596	51575228	24289950	30276218	14206174
非金属	13053006	19905478	13989326	25108370	10600645	16353304	5596478	8454698
金属冶炼	76020888	22354438	79916088	26697968	75765048	24899100	43347912	15834378
金属制品	19819366	27737054	21675682	29187308	16837520	23437392	11192261	13512986

续表

年份 行业	2017		2015		2012		2007	
	销项关联	进项关联	销项关联	进项关联	销项关联	进项关联	销项关联	进项关联
通用设备	23278740	25751980	28491582	31131132	21408094	26785824	14346336	16320000
专用设备	8820819	23228292	7100269	23277378	4688961	22941222	3374625	10834650
交通运输设备	4357215	38028524	3879668	37316868	2650736	32186726	3135294	17972334
电气机械	20272772	43216532	19426666	48082896	14770089	39539416	8546049	22872632
电子设备	17695252	25336556	17232106	20819760	12565688	17787378	6648109	12157496
仪器仪表	3904410	5496630	3425703	5119147	2619149	3884984	2219204	2326809
其他制造业	1752547	4034661	2087911	3651548	1386425	2770060	2230530	6188994
废品废料	10548145	243418	7883758	2651303	9114898	675177	7216237	257524

表5-6 各行业点度中心性的排名

年份 行业	2017		2015		2012		2007	
	销项	进项	销项	进项	销项	进项	销项	进项
食品烟草	11	12	10	14	11	13	12	14
纺织品	3	13	4	13	5	12	6	12
纺织服装	14	4	14	7	15	8	15	7
木材家具	16	14	15	12	14	14	16	15
文体用品	13	11	11	11	12	11	10	11
石油加工	5	17	5	15	3	16	4	17
化学品	2	7	2	3	2	5	2	5
非金属	9	10	9	8	9	10	11	10
金属冶炼	1	9	1	6	1	4	1	4
金属制品	7	3	6	5	6	6	5	6
通用设备	4	5	3	4	4	3	3	3
专用设备	12	8	13	9	13	7	13	9
交通运输设备	15	2	16	2	16	2	14	2
电气机械	6	1	7	1	7	1	7	1
电子设备	8	6	8	10	8	9	9	8
仪器仪表	17	15	17	16	17	15	18	16
其他制造业	18	16	18	17	18	17	17	13
废品废料	10	18	12	18	10	18	8	18

与增值税网络中制造业在影响力和重要性两项指标均遥遥领先不同，在制造业内部的增值税税收网络中，权力集中在产业链的两头，最有影响力（点出度）的行业位居产业链上游，对其他行业税收拉动作用（点入度）更强的行业则居于产业链下游。

金属冶炼、化学品一直是销项关联强度排名前两位的行业，并且遥遥领先其他行业，如 2017 年金属冶炼的销项关联强度为排名第三位的纺织品的 3.2 倍。2017 年，金属冶炼和化学品的销项关联强度总和约占所有行业销项关联强度总和的 41%，表现出非常高的集中度和强大的税收影响力。金属冶炼的销项关联强度排名前三位的行业分别为金属制品、电气机械、交通运输设备。化学品的销项关联强度排名前三位的行业分别为文体用品、电气机械、纺织品。作为工业生产提供原材料的上游行业，金属冶炼、化学品的销项关联强度排名，表明我国工业生产体系目前以资源密集型行业为主，增值税税收收入对国内非再生性资源的开发利用依赖性较高，资源型行业的税收变动会对整个制造业产生非常大的冲击。

在进项关联方面，电气机械、交通运输设备的关联强度一直位居前两位。与销项关联强度高度集中不同，进项关联强度分布相对分散，电气机械、交通运输设备两个行业在 2017 年只集中了约 25% 的关联强度，对上游增值税税收收入的拉动作用相对较弱。除此之外，纺织服装、金属制品、通用设备等行业也拥有较强的进项关联，是拉动增值税税收收入增长的重要行业。作为下游行业中税收关联强度的排头兵，电气机械、交通运输设备在税收重要性上的领先地位，既与这两个行业是高产值行业有关，也与中国近年来大力推动基础设施建设、人民便利化出行需求不断改善有关。一旦这类生活需求得到满足，可能会对整个税收结构带来较大的改变。

为进一步分析各个行业对其他行业的影响或依赖，笔者通过对原网络进行横向标准化和纵向标准化，得到了反映各个行业进项在不同关联分布比例的进项网络和反映销项关联分布比例的销项网络，并计算了各个行业在不同网络中的点度。其中，某行业销项网络中的点度越接近 1，表明其对其他行业的税收影响越大，因为该行业大部分的产品或服务需要对外销售以产生销项税额；某行业销项网络中的点度越接近 0，表明其对其他行业的影响有限，因为该行业的产品和服务大多是在内部循环。某行业进项网络中的点度越接近1，表明该行业的大部分生产投入来源于外部行业，从而该行业对外部行业的税收拉动作用越强某行业进项网络中的点度越接近0，表明该行业的产品或服务大多是自产自用，对外部行业依赖性较低。理论上来说，上游行业在销项网络中的点度较高，下游行业在进项网络中的点度较高。通过销项网络和进项网络计算出的网络更像是对每个行业点度中心性的加权，我们有理由认为一个行业如果大部分销项税额是通过其他行业产生的，那么它产生一单位的销项税额对网络的影响力肯定大于那些大部分销项税额来源于自身的行业，对于进项税额也是如此。各个行业点度权重的数据如表5-7所示。同时，笔者利用表5-7的数据乘以点度表数据，得到各行业加权后的点度并进行了排名，结果如表5-8所示。

表5-7 各行业的点度权重

年份 行业	2017		2015		2012		2007	
	销项网络	进项网络	销项网络	进项网络	销项网络	进项网络	销项网络	进项网络
食品烟草	0.231	0.216	0.284	0.157	0.244	0.192	0.280	0.320
纺织品	0.531	0.267	0.521	0.212	0.492	0.226	0.440	0.323
纺织服装	0.404	0.775	0.410	0.761	0.354	0.784	0.394	0.752
木材家具	0.253	0.360	0.250	0.363	0.252	0.360	0.348	0.443
文体用品	0.367	0.536	0.388	0.533	0.400	0.541	0.495	0.529
石油加工	0.851	0.438	0.801	0.481	0.849	0.427	0.880	0.501
化学品	0.402	0.226	0.411	0.258	0.408	0.245	0.450	0.278
非金属	0.425	0.530	0.422	0.567	0.441	0.549	0.504	0.606
金属冶炼	0.639	0.342	0.581	0.317	0.572	0.306	0.592	0.346
金属制品	0.701	0.766	0.717	0.774	0.730	0.790	0.776	0.807
通用设备	0.613	0.637	0.632	0.652	0.629	0.680	0.636	0.665
专用设备	0.560	0.770	0.515	0.777	0.449	0.800	0.652	0.858
交通运输设备	0.098	0.488	0.090	0.487	0.082	0.521	0.165	0.532
电气机械	0.580	0.747	0.569	0.766	0.561	0.774	0.602	0.802
电子设备	0.197	0.260	0.223	0.257	0.210	0.274	0.175	0.279
仪器仪表	0.666	0.737	0.697	0.775	0.703	0.779	0.829	0.835

续表

年份 行业	2017		2015		2012		2007	
	销项网络	进项网络	销项网络	进项网络	销项网络	进项网络	销项网络	进项网络
其他制造业	0.917	0.962	0.923	0.955	0.927	0.962	0.770	0.903
废品废料	0.911	0.191	0.918	0.790	0.970	0.707	0.901	0.246
图的中心势	3.866%	4.878%	3.803%	4.460%	3.932%	4.447%	4.695%	3.935%

表5-8　各行业加权点度的排名

年份 行业	2017		2015		2012		2007	
	销项	进项	销项	进项	销项	进项	销项	进项
食品烟草	14	16	10	18	13	17	15	16
纺织品	6	15	6	17	6	15	8	13
纺织服装	15	3	15	4	16	6	16	5
木材家具	17	14	17	14	17	14	17	15
文体用品	12	8	12	8	10	9	9	11
石油加工	3	17	3	15	3	16	3	17
化学品	2	11	2	10	2	10	2	11
非金属	9	7	9	7	9	7	10	9
金属冶炼	1	9	1	9	1	8	1	8
金属制品	5	2	5	2	5	2	5	2
通用设备	4	6	4	3	4	4	4	3
专用设备	10	5	13	6	12	3	11	6
交通运输设备	18	4	18	5	18	5	18	4
电气机械	7	1	7	1	8	1	7	1
电子设备	11	10	11	11	11	11	14	12
仪器仪表	13	12	14	12	14	12	12	14
其他制造业	16	13	16	13	15	13	13	7
废品废料	8	18	8	16	7	18	6	18

　　由表5-7和表5-8可知，经过对各行业的点度按照各行业对外依赖（影响）程度进行加权后，一些行业的重要性和影响力的确发生了变化。虽然在销项关联

强度中，金属冶炼及化学品这两个行业仍然稳居前两名，但石油加工的加权销项关联强度升至第三位并保持稳定，这得益于石油行业历年都有80%以上的销项关联是通过其他行业产生的，这么高的比例说明石油行业的销项税额对外依赖度非常高，同时也表明石油产出增加对其他行业产生的税收影响力较大。进项税额强度排序变化则更大一些，电气机械仍保持了第一的位置，但交通运输设备被金属制品行业取代并跌到第四、第五的位置，相较交通运输设备行业50%左右的进项税额对外依赖度，金属制品行业的这一数据历年都在76%以上。这表明金属制品行业拉动其他行业增值税的潜力更大，在未来税源的培育过程中，可以考虑将进项税额对外依赖度作为一个衡量行业税收拉动能力的指标。

二、制造业增值税网络中的中介行业

在制造业内部，行业之间并不只有直接的双向关联，也会通过其他行业产生间接税收关联。产业间的直接税收关联和间接税收关联共同构成了一个完整的税收网络，一个行业的税收变动，除了直接影响与其他直接相关的产业之外，也会通过其他行业的间接传递形成扩大效应或是回波效应，从而造成更大规模的冲击。因此这种桥梁作用越明显的行业在网络中的权力也就越大。在一个完备的税收网络中，每个行业之间都有直接税收关联，这意味着每个行业都可以充当其他产业之间间接关联的桥梁。由于行业之间的关联强度不同，这会导致它们在扮演桥梁作用上的异质性。本节沿用之前测量中介中心性的流量中心性方法，测量出制造业内部每个行业的中介中心性指标排名（见表5-9）。

总体来看，化学品、通用设备、电子设备等行业的税收桥梁作用一直稳居前列。这意味着这三个行业在网络中充当了很强的管道作用，是各个行业之间间接税收关联的重要节点，能够放大网络冲击的关键节点。在税收网络中，决定一个行业的中介作用主要有两个因素：一是该行业本身必须有较强的税收关联，这是决定桥梁作用大小的基础，只有行业本身拥有较强的流量才能通过更多的流量，化学品等三个行业的销项关联和进项关联强度都在网络中排名靠前，其中，化学品的销项关联强度一直位居第2位，通用设备的销项关联和进项关联强度基本都位居前5位（见表5-6）。二是行业本身在产业链中的位置，一个行业如果居于产业链中间环节，或者与大部分行业都有很强的税收关联，那么该行业起到的桥梁作用就越大。在强关联网络中，可以看到化学品在销项网络中的点入度遥遥领先其他行业，这种分散的高强度关联决定了化学品行业的桥梁作用非常显著，几乎每个行业都能通过化学品行业起到较强的税收关联。通用设备和电子设备行业则处于整个产业链的中游，是上游资源行业、材料行业与下游消费品行业之间的桥梁，决定了它们具有强大的税收中转功能。因此与这三个行业关联强度较高的行业最容易通过它们对整个税收网络造成较大的影响。同时，我们也能发现，一些税收关联强度不高，并且位于产业链下游的行业的桥梁作用不够显著，如纺织服装、木材家具、仪器仪表、其他制造业、废品废料等行业在中介中心度的排名中靠后。

表 5-9　制造业各行业的中介中心性排名

年份 行业	2017	2015	2012	2007
食品烟草	11	9	8	9
纺织品	12	10	9	11
纺织服装	14	14	14	14
木材家具	15	15	15	15
文体用品	4	6	5	5
石油加工	13	11	11	12
化学品	1	1	1	1
非金属	6	5	6	7
金属冶炼	5	3	4	2
金属制品	7	8	10	8
通用设备	2	2	2	4
专用设备	9	13	13	10
交通运输设备	8	12	12	13
电气机械	10	7	7	6
电子设备	3	4	3	3
仪器仪表	16	16	16	16
其他制造业	17	17	17	17
废品废料	18	18	18	18

三、多中心的制造业增值税税收网络

总体来看，制造业增值税税收网络中并不存在一个超级行业，在销项关联和进项关联上远超其他行业，而是存在多个中心行业。产业链上游的金属冶炼和化学品行业明显比其他行业更具影响力，而产业链终端的电气机械和交通运输设备的进项关联强度远超其他行业，对其他制造行业的税收具有较强的拉动作用。化学品、通用设备、电子设备这三个行业的中介作用则比其他行业更加明显。多中心的存在表明，虽然网络内部存在明显的不均衡，但网络中的权力相对于增值税税收网络而言更加分散，一些关键位置由不同行业占据着，每个关键位置上的行业都能对整个制造业增值税税收网络产生重要影响，或影响其他行业的税负、或拉动其他行业增值税税收收入、或扩大其他行业税收变动的影响。

第四节　制造业增值税网络中的集群

在税收网络中，一些行业因关联紧密而形成不同规模的集群，一些行业因与其他群体关联过弱而被视为网络中的孤点，一个复杂的税收网络就是由不同的相互重叠的集群加上孤点构成的。其中，拥有较多行业成员的税收集群是整个网络的核心圈，是支撑整个网络的架构，对税收收入的贡献和影响最大，规模更小的集群和孤点则处在网络的边缘位置，对税收收入的贡献较少、影响不大。位于最大集群中的行业，以及隶属于多个集群中的行业被视为网络中最核心的行业，这类行业承担了网络中最重要的流量连接，同时也将不同的集群连接起来构成了一个完整的网络，它们的税收收入变动将会通过不同的集群产生全局性影响，一些边缘化的行业则不会产生这类影响。不过，随着分工的日益细化，一些较小的行业彼此间可能会形成紧密的关联从而组成新的小集群，这类集群虽然相对边缘，但代表了网络结构的一些变化方向。从集群层面分析制造业增值税税源结构，有助于从中观层次了解不同行业的税收贡献，并捕捉税源结构变化的一些新趋势。本节参考增值税网络中的集群分析方法，将制造业增值税网络划分为不同的集群（见表5-10）。

表 5–10　制造业增值税网络中的集群

年份	集　群
2017 年	1. 化学品、非金属、金属冶炼、金属制品、通用设备、交通运输设备、电气机械、电子设备；2. 文体用品、化学品、非金属、金属冶炼；3. 石油加工、化学品、非金属、金属冶炼；4. 化学品、金属冶炼、金属制品、通用设备、专用设备、交通运输设备、电气机械、电子设备；5. 食品烟草、纺织服装、化学品；6. 纺织品、纺织服装、化学品；7. 食品烟草、文体用品、化学品；8. 纺织品、文体用品、化学品；9. 文体用品、金属冶炼、废品废料
2015 年	1. 化学品、非金属、金属冶炼、金属制品、通用设备、交通运输设备、电气机械、电子设备；2. 文体用品、化学品、非金属、金属冶炼；3. 石油加工、化学品、非金属、金属冶炼；4. 化学品、金属冶炼、金属制品、通用设备、专用设备、交通运输设备、电气机械、电子设备；5. 食品烟草、纺织服装、化学品；6. 纺织品、纺织服装、化学品；7. 木材家具、化学品、金属制品；8. 食品烟草、文体用品、化学品；9. 纺织品、文体用品、化学品
2012 年	1. 化学品、非金属、金属冶炼、金属制品、通用设备、交通运输设备、电气机械、电子设备；2. 文体用品、化学品、非金属、金属冶炼；3. 石油加工、化学品、非金属、金属冶炼；4. 化学品、金属冶炼、金属制品、通用设备、专用设备、交通运输设备、电气机械、电子设备；5. 食品烟草、纺织服装、化学品；6. 纺织品、纺织服装、化学品；7. 食品烟草、文体用品、化学品；8. 纺织品、文体用品、化学品；9. 文体用品、金属冶炼、废品废料
2007 年	1. 化学品、非金属、金属冶炼、金属制品、通用设备、电气机械、电子设备；2. 化学品、金属冶炼、金属制品、通用设备、交通运输设备、电气机械；3. 化学品、金属冶炼、金属制品、通用设备、专用设备、电气机械；4. 石油加工、化学品、非金属、金属冶炼；5. 化学品、金属冶炼、电子设备、其他行业；6. 食品烟草、纺织服装、化学品；7. 纺织品、纺织服装、化学品；8. 食品烟草、文体用品、化学品；9. 文体用品、化学品、非金属；10. 纺织品、化学品、其他行业

由表 5–10 可知，从 2007 年到 2017 年，制造业增值税网络的集群规模和主要行业并未发生较大的变化。在集群数量方面，除了 2007 年有 10 个集群外，其他年份均有 9 个集群，集群数量总体变化不大。在最大税收集群方面，2007 年有 3 个较大规模的集群，其余年份则有两个较大行业的集群，2007 年较大的集群成员数量也相对其余年份少了 1~2 个，这表明 2007 年税收网络中的集群集聚能力相对分散，而其余年份则相对集中。这点从最小集群中也能看出来，2007 年的较小集群的成员规模为 3 个或 4 个，共有 7 个较小的集群，其余年份较小的集群在 2 个左右。从集群间的共享成员来看，较大集群之间的联系也越来越紧密，而较小集群与其他集群的关联则呈现疏远趋势。2007 年，较大集群 1、2、3 之间的共享成员数量为 5，其余年份较大集群之间的共享成员则为 7，随着集群规模的

扩大，共享成员也变得越来越多。随着产业分工的不断细化，一些较小规模行业之间也形成了紧密的税收关联，并集聚成较小规模的集群，如2017年最小集群9的成员数为3，除金属冶炼行业外，文体用品与废品废料都是规模较小的行业。这类集群总体来看还处于网络的边缘位置，与其他集群之间只有1个或者0个共享成员，而在2007年这些较小的集群中都与其他集群之间有1~2个共享成员。小集群的边缘化一方面说明大集群的高度集中，另一方面也代表了网络的分化，一些小的集群可能会随着产业间的关联而不断出现，从而成为新的税收收入贡献增长点。

从隶属集群的行业来看，化学品、金属冶炼这两个行业一直是隶属集群较多的两个行业。其中，2007年和2015年化学品隶属所有集群，2012年与2017年均只有一个集群没有包含化学品，金属冶炼除了2015年隶属4个集群外，其他年份均隶属5个集群。隶属较多的集群表明这两个行业在网络中的重要性远超其他行业，这一点正如前文的中心性分析所述。从而化学品与金属冶炼之间的税收关联也成为网络中最重要的关联，缺少这两个行业，会对集群乃至整个网络产生重大影响。此外，木材家具、仪器仪表、其他制造业、废品废料等行业在网络中则处于相对边缘的位置，它们极少隶属于任何集群，在制造业网络中更像是一个个孤点，缺少这些行业对整体的增值税税收关联影响并不大。

规模最大的集群集聚了增值税网络中最重要的行业，分析最大集群的成员结构能够反映增值税税源结构的主要产业特征。正是这些行业贡献了最多的增值税税收关联，对增值税税收收入的变化有着举足轻重的作用。从各年最大集群的成员分布来看，化学品、非金属、金属冶炼、金属制品、通用设备、交通运输设备、电气机械、电子设备8个行业基本上一直是最大集群的成员[①]。这8个行业均为资本密集型行业和高附加值行业，涵盖了制造业产业链的上中下游，终端产品是生产工具的制造。这也充分体现了我国数十年来的制造业发展特征——以制造生产工具为主、生产消费品为辅，从而我国的增值税特征更像是生产性的增值税税源结构。

---

① 2007年交通运输设备行业并不隶属最大集群。

本章小结

关于增值税税收网络的结构分析表明，以制造业为核心的工业生产体系支撑和维系着整个增值税税源。而关于制造业内部税收结构的分析表明，我国的制造业增值税税收网络是一个相当完整且能够实现自我循环的网络，资源加工、生产工具的生产是维持整个网络的关键。但在这个网络中，各个行业的税收地位也存在着较大差别，关键位置由不同行业占据着。从影响能力来看，金属冶炼、化学品等产业链上游行业因为其他行业生产并提供原材料而产生了大量的销项税额，从而在网络中具备了较强的税收影响力。从重要性来看，电气机械、交通运输设备位居产业链下游，对其他行业产品有着广泛的需求，因而产生了较为广泛的进项关联，在网络中具备了较强的拉动能力。但整体来看，销项关联的集中性更强，进项关联的集中性则相对分散，电气机械、交通运输设备等行业对整个税收网络的重要性要弱于金属冶炼、化学品这两个行业。税收集群分析结果呈现了我国制造业增值税税源结构特征——资源加工和资本品生产是我国制造业较大的增值税源泉。

第六章 研究结论及政策建议

第一节 深度嵌入增值税网络的制造业

借助社会网络分析方法，笔者从宏观、中观、微观三个层次对增值税税收网络及制造业增值税税收网络进行了分析，描绘了制造业在增值税税收网络中的位置及其内部结构。正如前文分析所述，无论从哪个角度衡量制造业的税收地位，制造业都是增值税税源中最重要的行业，这源于制造业与其他行业间强大的税收关联。

一、制造业增值税税源的结构特征

从时间历程上看，随着"营改增"全面扩围、产业间关联更加紧密，各个行业间的税收关联数量和强度大幅度提升，增值税税源结构变得更加复杂。其中，"营改增"扩围显著增加了行业间的税收关联数量，在几乎所有行业间建立了销项关联和进项关系，税收关联数量从"营改增"之前的 70 个增加至之后的 324 个，整个增值税税收网络更加完整，基本上所有行业都完整地嵌入增值税税源结构中。同时，随着经济发展，产业间的投入产出关系不断增强，产业间的增值税税收关联强度也随之增强，这表明产业间的税收关联越来越紧密。对于增值税而言，税收关联数量和强度的大幅提升意味着增值税抵扣链条更加完整，增值税税源结构也更加复杂，增值税税负转嫁路径更加难以区分，每个行业的税收收入变动都可能在网络中迅速传递和放大，产生全域性的影响。一个在网络中占据关键位置的小行业发生轻微的税收收入波动，都可能对制造业乃至全行业的增值税收入造成很大的影响。

从税收关联的分布来看，增值税税源结构异质性特征非常明显，强税收关联非常少，行业之间的税收关联大多为弱关联，这种关联强度高度集中的趋势随着"营改增"推进和经济发展不断增强。首先，在增值税税收网络中大部分行业间的销项关联和进项关联都是弱关联，即关联强度值低于平均值。在 2017 年，高于平均值的销项关联和进项关联略高于 1/5，这说明增值税税收收入大部分来源于少数几个行业间的产品服务交换活动。其次，税收关联表现出非常明显的非对称性，即税收网络中的互惠性指标非常低。在 2017 年由强销项关联构成的销项网络中，大部分行业与制造业、建筑业、批发零售业等行业的销项关联强度很高，但制造业等行业本身的强销项关联却非常少。在 2017 年的进项网络中，大部分行业与制造业、批发零售业、房地产业等行业有很强的进项关联，但这些行业却拥有很少的强进项关联。行业间关联强度的非对称性分布表明，增值税税源结构存在非常不平等的税收关系，一些行业在推动和拉动其他行业税收收入及税负转嫁上，占据着主导地位。这种非对称性关系一方面是各行业提供的产品服务在产业链条上分工不同所导致的，另一方面部分行业在发展规模上差距较大，从而导致在产品服务交换上不对等。但这也意味着增值税税源发展的潜力和空间，通过支持一些产业发展、加强一些产业间的互惠性税收关联有利于进一步扩大税源规模。

从次级结构的分析来看，增值税税源结构呈现出明显的中心—边缘特征。在集群分布上，制造业、批发零售业、建筑业等行业因为与众多行业有着较强的税收关联而隶属于网络中大部分的集群，在增值税网络中处于中心地位。但信息软件、水利公共设施、居民服务业、教育、文化娱乐等行业却几乎不属于任何税收集群，在网络中居于边缘地位。因为这些行业与其他行业的税收关联强度比较少，隶属于他们的强税收关联非常少。关于结构对等的分析更是勾勒出网络的结构图，制造业板块在图中居于核心地位，制造业板块在网络中与所有板块都产生了销项—进项关联，并且扮演着税收净流出的角色，金融业板块与交通板块扮演了次中心的角色，而大部分行业则居于边缘位置。

从行业结构特征上看，我国增值税税源结构表现出明显的工业化生产特征，与我国的经济体系特征高度一致。整个增值税税源结构基本上围绕着工业产品的原材料供给、生产制造、销售、融资为核心构建，与这些环节相关的采矿业、制造业、批发零售业、交通运输业、建筑业、金融业等行业在增值税网络中的税收关联强度远超其他行业，并且构成了网络最大的税收集群。制造业与批发零售业之间的税收关联是强度最高的税收关联，也是网络中直接和间接承担税收流量最强的税收关联。在这个体系中，上游是工业原材料的开采，中游是工业产品的生产，最大的需求来源于建筑业和交通运输业这两个行业。这说明我国当前以生产工业产品为主的产业体系，是整个经济体系价值链条中的核心，这个产业链条承载了最多的增加值和增值税税收收入。在这个核心税收体系中，可以明显看出第三产业在整个链条中贡献度不高，这一方面源于服务业增值税税率较低，另一方面也说明服务业与整个经济体系的关联强度远不及制造业等行业，制造业与服务业的相互支撑作用还不够明显。这也导致各类服务业与制造业等行业的税收关联强度不高，对增值税税收收入的贡献度较低。我国的经济体系和增值税税源仍然是以工业化为主的。

二、制造业居于核心位置

从社会网络视角出发，判断制造业在增值税税源结构中的位置取决于制造业在增值税税收网络中与其他行业的税收关联特征。通过对增值税税收网络的三个层次进行分析，可以明显看出制造业在增值税税源结构中居于核心位置。

围绕制造业构建的增值税税源结构。在关于网络整体结构特征的分析中，制造业几乎与所有行业都形成了强关联，无论是在销项关联网络和进项关联网络中，制造业与其他行业之间的强销项关联和强进项关联数量远超其他行业。在关于小团体的分析中，制造业几乎一直是网络中所有税收集群的成员，并且承担着网络中最重要的税收关联，制造业能够快速通过这些税收集群对整个增值税网络形成全面冲击。关于结构对等的分析显示，制造业的税收关联特征与其他行业的相似性非常低，很难与其他行业归为同一类，这显示了制造业在税收网络中几乎没有可以替代的行业；块模型的分析结果也表明，整个增值税网络表现出明显的核心—边缘结构，制造业是整个网络的核心，属于税收净流出板块。

制造业的网络权力指标远超其他行业。在反映税收影响力的指标点出度（销项关联强度）和点入度（进项关联强度）方面，制造业一直遥遥领先其他行业。不过，近几年，反映制造业对其他行业进项税额影响的点出度却呈现了明显的放缓趋势，这也是唯一体现制造业影响力有所削弱的地方。而反映对其他行业销项税额拉动作用的点入度却呈现了较大幅度的增长，这得益于"营改增"将大部分行业纳入增值税应税范围。代表税收桥梁的中介中心性指标也表明，制造业除大幅度领先外，优势也在不断增加。这表明"营改增"之后，通过制造业与其他行业形成间接税收关联的行业越来越多，显著提升了制造业的税收桥梁作用。

关于制造业网络位置的分析表明，制造业的中心地位并非如以税收收入视角研究的那般随着"营改增"扩围和自身发展放缓而下降，而是有所加强，特别是将几乎所有行业纳入征收范围后，制造业对整个税源结构的影响变得越来越大，这点体现在进项关联强度上升以及桥梁作用的不断增强上。"营改增"提升了制造业的增值税税收贡献能力。

三、制造业增值税税收网络的结构特征

资源加工驱动的制造业增值税税收网络。与增值税网络中制造业的影响力和重要性两项指标均遥遥领先不同，在制造业内部的税收网络中，权力沿着产业链对称分布，最有影响力的行业居产业链上游，对其他行业税收拉动作用更强的行业则居产业链下游。其中，金属冶炼、化学品的销项关联强度一直位居前两名，电气机械、交通运输设备则一直排在进项关联强度的前两位。制造业内部还表现出销项关联强度总和进项关联强度的高度集中性，2017年金属冶炼、化学品的销项关联强度总和约占所有行业销项关联强度总和的41%，表现出非常高的集中度和强大的税收影响力，这说明这两个行业的销项税额调整会对整个制造业内部税收网络产生非常大的影响；但电气机械、交通运输设备这两个行业在2017年只集中了约25%的关联强度，相比金属冶炼、化学品行业来说，这两个行业对上游行业的税收拉动能力稍弱。销项关联强度和进项关联强度的分布表明，我国制造业内部税收链条的分布呈现上游集中、下游分散的特征，上游是影响整个税收网络的"牛鼻子"。

为了生产而生产支撑起整个制造业税收网络。中介中心度和集群分析结果表明，我国制造业增值税网络呈现出明显的生产性特征，大部分的税收关联和税收收入是在生产生产工具和设备的过程中产生的。在中介中心度方面，化学品、通用设备、电子设备等行业的税收桥梁作用一直稳居前列。这三个行业除具有较强的税收关联强度之外，同时也具备另一个明显特征——提供的产品都是生产最终产品的生产工具或材料，这表明我国制造业税收网络中的大部分税收关联都是在制造生产工具的环节中产生的。集群分析的结果也印证了整个结论，化学品、非金属、金属冶炼、金属制品、通用设备、交通运输设备、电气机械、电子设备八大行业基本上构成了网络中最大的税收集群。这八个行业均是资本密集型行业和高附加值行业，涵盖了制造业产业链的上中下游。这表明我国制造业的主导发展方向是资源加工与机器设备制造，涉及居民消费的行业则处在网络的边缘。我国近几年出现的产能过剩问题，在税收领域得到了非常明显的体现。

第二节　税收收入视角与社会网络视角的比较

与社会网络视角关注每个行业在税收关联中的作用不同，税收收入视角只关注每个行业能够贡献多少数量的增值税税收收入，贡献税收收入越高的行业越重要。两个视角的分析结论表明，贡献较多税收收入的行业在网络中不一定拥有较好的位置，且对其他行业的税收收入影响有限，如食品烟草业（见表6-1、表6-2）；同样，对其他行业税收收入有较强影响的行业，也不一定能够贡献较多的税收收入，如采矿业（见表6-3、表6-4）。原因在于，社会网络视角只考虑各行业因中间产品的投入而产生的税收关联，它反映的是产业之间在增值税税收收入方面的相互影响和相互依赖关系，影响力越强的行业税收地位越重要。增值税税收收入除来源于生产制造业环节外，还有相当一部分税收收入来源于消费环节。如果一个行业的产品更多地用于直接消费，那么这个行业在生产环节对其他行业的影响就会相对较弱，如食品烟草业。这种差异也为今后调整增值税税收政策提供了有益的参考。

表6-1 制造业内部各行业税收收入份额　　　　单位:%

年份 行业	2017	2015	2012	2010	2007
食品烟草	10.34	12.53	12.78	11.07	9.80
纺织品	2.44	3.04	3.43	3.58	4.14
纺织服装	3.67	4.59	4.94	4.14	4.00
木材家具	1.56	1.48	1.43	1.19	1.11
文体用品	3.21	3.22	3.42	2.87	3.01
石油加工	6.91	7.11	6.46	7.98	5.02
化学品	14.70	14.29	13.70	13.60	7.70
非金属	5.29	4.46	5.54	5.19	13.53
金属冶炼	7.11	5.26	7.31	7.81	4.44
金属制品	4.31	4.00	4.05	3.67	16.08
通用设备	6.24	6.13	6.08	6.42	3.07
专用设备	4.59	4.49	4.64	4.49	4.55
交通运输设备	11.50	11.81	10.54	11.13	3.01
电气机械	6.45	6.91	6.03	6.07	6.99
电子设备	7.17	6.99	6.29	6.54	5.63
仪器仪表	0.92	0.90	0.83	0.89	5.76
其他制造业	3.08	2.78	2.53	3.34	0.75
废品废料	0.51	—	—	—	—

表6-2 制造业内部各行业销项、进项及加总排名

年份 行业	2017			2015			2012			2007		
	销项	进项	加总	销项	进项	加总	销项	进项	加总	销项	进项	加总
食品烟草	11	12	14	10	14	14	11	13	14	12	14	14
纺织品	3	13	11	4	13	9	5	12	9	6	12	8
纺织服装	14	4	10	14	7	10	15	8	12	15	7	9
木材家具	16	14	15	15	12	15	14	14	16	16	15	17
文体用品	13	11	12	11	11	13	12	11	13	10	11	13
石油加工	5	17	13	5	15	12	3	16	11	4	17	10
化学品	2	7	2	2	3	2	2	5	2	2	5	2
非金属	9	10	8	9	8	7	9	10	10	11	10	12

年份 行业	2017			2015			2012			2007		
	销项	进项	加总	销项	进项	加总	销项	进项	加总	销项	进项	加总
金属冶炼	1	9	1	1	6	1	1	4	1	1	4	1
金属制品	7	3	5	6	5	5	6	6	5	5	6	5
通用设备	4	5	4	3	4	4	4	3	4	3	3	4
专用设备	12	8	9	13	9	11	13	7	8	13	9	11
交通运输设备	15	2	7	16	2	6	16	2	6	14	2	6
电气机械	6	1	3	5	1	3	7	1	3	7	1	3
电子设备	8	6	6	8	10	8	8	9	7	9	8	7
仪器仪表	17	15	17	17	16	17	17	15	17	18	16	18
其他制造业	18	16	18	18	17	18	18	17	18	17	13	15
废品废料	10	18	16	12	18	16	10	18	15	8	18	16

表6-3　各行业增值税税收收入份额　　　　　　　　单位：%

年份 行业	2017	2015	2012	2010	2007
农林牧渔	0.07	0.04	0.04	0.00	0.00
采矿业	4.48	5.55	13.26	12.80	10.84
制造业	36.06	54.21	54.83	55.36	60.06
电热燃水	3.92	8.13	7.72	7.51	10.72
建筑业	8.39	0.23	0.13	0.10	0.01
批发零售	15.56	20.22	21.24	22.69	17.37
交通仓储运输	2.34	3.61	0.38	0.00	0.00
住宿餐饮	0.46	0.03	0.01	0.00	0.00
信息软件	1.80	2.61	0.54	0.00	0.02
金融业	8.09	0.21	0.05	0.02	0.00
房地产业	10.97	0.04	0.01	0.01	0.00
租赁商务服务	4.13	2.44	0.66	0.22	0.01
科技服务业	1.75	1.58	0.38	0.35	0.19
水利公共设施	0.13	0.20	0.22	0.11	0.09
居民服务业	1.03	0.46	0.32	0.22	0.09
教育	0.13	0.02	0.00	0.00	0.00

续表

年份 行业	2017	2015	2012	2010	2007
卫生社保	0.02	0.00	0.00	0.00	0.00
文化娱乐	0.31	0.35	0.14	0.09	0.01
公共管理	0.34	0.07	0.08	0.06	0.59

表6-4 2017年增值税网络中各行业销项、进项及加总排名   单位：亿元

行业	销项税额		进项税额		销项进项加总	
	总额	排名	总额	排名	总额	排名
农林牧渔	0	19	38711544	5	38711544	12
采矿业	96507216	3	22086252	12	118593468	4
制造业	373916320	1	234990800	1	608907120	1
电热燃水	45811064	5	31769456	7	77580520	7
建筑业	3164374	14	201208432	2	204372806	2
交通仓储运输	67238016	4	47340092	3	114578108	5
信息软件	11916001	11	18576540	14	30492541	14
批发零售	110203776	2	31752712	8	141956488	3
住宿餐饮	13789390	10	26366796	11	40156186	11
金融业	37248316	6	27727310	10	64975626	8
房地产业	29281034	8	12049952	16	41330986	10
租赁商务服务	35093072	7	44953496	4	80046568	6
科技服务业	13821454	9	27817404	9	41638858	9
水利公共设施	1454831	15	4503971	19	5958802	19
居民服务业	7321112	12	14630126	15	21951238	15
教育	861476	16	10304646	17	11166122	17
卫生社保	431374	18	32319724	6	32751098	13
文化娱乐	3410909	13	6257470	18	9668379	18
公共管理	549849	17	18652812	13	19202661	16

　　无论从哪个视角判断，制造业都是增值税税源中最重要的行业。税收收入视角

的研究显示，制造业贡献的税收收入份额远超其他行业，2017年制造业贡献了36.06%的国内增值税税收收入，是第二名批发零售行业的两倍多（见表6-3）。社会网络分析认为制造业在税源结构中的中心位置一直未变。两个视角唯一不同的是，从税收收入视角来看，制造业的税收贡献能力在下降，因为"营改增"扩围导致制造业增值税税收收入份额大幅下跌；从社会网络视角来看，制造业对其他行业税收收入的影响力在上升，"营改增"在降低制造业税收收入份额的同时，大幅增加了制造业与其他行业的税收关联，制造业通过销项关联和进项关联影响到更多的行业，制造业在增值税税源中的影响力和影响范围得到了显著扩大。关于制造业地位的判断差异并不是这两个视角最明显的区别，最明显的区别体现在对其他行业的判断上。

谁是次重要的行业？从税收收入份额来看，2017年，批发零售、房地产业、建筑业、金融业是依次次于制造业的行业（见表6-3）。但社会网络视角却给出了不同的判断，2017年最大税收集群中包括制造业、建筑业、交通仓储运输、批发零售、金融业这5个行业，并没有房地产行业，并且交通仓储运输与金融业还处在整个网络的次中心位置（见图4-7），地位比批发零售行业和房地产行业高。如果涉及销项关联强度与进项关联强度的总排名，采矿业又比除制造业、建筑业和批发零售业的排名更高（见表6-4）。两个视角关于行业税收重要性判断上的差异也体现在制造业内部，在税收收入视角下，除化学品行业外，食品烟草行业与交通运输设备行业显然比其他行业更加重要（见表6-1）。但在社会网络视角下，金属冶炼、电气机械、通用设备是网络中较重要的行业（见表6-2）。所以，当更强调行业在生产体系中的作用时，一些生产大量产品或服务用于再生产的行业，以及需要大量其他行业产品或服务的行业在税源结构中扮演着更加重要的角色，因为这些行业的税收关联强度更高。而另一些行业的产品或服务则更多地用于直接消费，从而同样能够贡献较多的增值税税收收入。关于两种视角的比较分析，并不是要否定哪种视角，而是要更加立体地观察增值税税源结构，发现不同行业对于增值税税收收入的作用和意义。

两个视角虽有差异，但也存在内在的一致性。从税收收入的视角来看，贡献税收收入越多的行业，表明该行业规模越大、创造价值的能力越高，而这类行业往往也与其他行业有着较强的税收关联。从社会网络视角来看，与更多行业拥有较强税收关联的行业，也可能贡献更多的税收收入，或者对其他行业税收收入具有很强的影响力。不过两种视角同时表明我国的增值税税源结构非常不均衡，一些行业特别是第三产业的部分行业，无论在税收收入份额还是在税收关联方面都处于很边缘的位置，对增值税的贡献度十分有限。这一方面说明我国第三产业发展不够充分，还有更大的上升空间；另一方面说明服务业对制造业等实体经济的支撑作用还比较有限。

第三节 制造业增值税税收地位未来走向

综上所述，制造业在增值税税源结构中的地位取决于制造业与其他行业的税收关联数量和关联强度，同时也受其他行业税收关联特征的影响。而制造业的税收关联特征又取决于整个增值税税收政策以及产业间的投入产出关系。在增值税政策方面，主要是各行业适用的税率，其中，制造业行业的税率决定了它与其他行业的销项关联，其他行业的税率则决定了制造业与这些行业的进项关联。产业间的投入产出关系则取决于产业间的技术经济联系和国家的产业政策。这些因素共同决定了制造业与其他行业的关联强度，进而决定了制造业在增值税税源中的地位。判断制造业税收地位的变化，需要结合税率和投入产出关联这两个角度综合考虑。

第一，增值税税率的调整。制造业之所以与其他行业有着很强的销项关联，明显高于其他行业的税率是一个重要原因。未来，我国税制结构调整的方向是逐步提升直接税的比重、降低实体经济税收负担以及推动增值税税率并档，这三种因素可能会推动制造业等行业的增值税税率进一步下调。当前，我国增值税共有13%、9%、6%、0%四档税率，以及5%、3%两档征收率，制造业内部大部分行业适用于13%这一档税率。降低制造业税率的一种选择是撤销13%这一档税率，原有行业适用9%这一档税率。降低税率是否会影响制造业的税收地位？笔者测算了9%税率下的网络中心性指标（见表6-5）。结果表明，税率下调大幅降低了制造业的点出度（销项税额）和点入度（进项税额），但并未改变制造业在税收关联上的优势，制造业与其他行业的销项关联和进项关联强度远超其他行业。但是在中介中心性上，制造业与其他行业的差距有了一定程度的缩小，但依旧是网络中桥梁作用最明显的行业。因此，可以肯定的是制造业与其他行业在税收关联上的差距很难通过降低税率来改变，税率调整并不会影响制造业在增值税税源结构中的地位和作用。

表6-5   各行业在9%税率下的网络中心性指标

指标 行业	点出度	点入度	流量中心性
农林牧渔	0	3062252	0.00
采矿业	7968486	1723349	49.51
制造业	30873818	17014242	874.59
电热燃水	3782566	2513413	793.37
建筑业	261279	15776261	768.44
交通仓储运输	5551762	3574153	672.62
信息软件	983890	1424944	559.23
批发零售	6237951	2368711	483.30
住宿餐饮	874348	2077439	340.90
金融业	2108396	2092534	790.68
房地产业	2417700	794610	203.06
租赁商务服务	2123257	3487181	760.47
科技服务业	782346	2170788	109.22
水利公共设施	82349	345359	52.01
居民服务业	414403	1163266	212.79
教育	48763	797454	69.18
卫生社保	24417	2554805	22.60
文化娱乐	263733	480911	165.09
公共管理	31124	1408917	128.68

第二，对制造业税收地位起决定作用的是制造业嵌入整个经济系统的程度，即制造业与其他行业间的投入产出关系。当前我国仍处于工业化阶段，工业产品的生产与销售一直是经济活动的主旋律，各个行业的经济活动主要为工业生产体

系服务。在国民经济中制造业仍然是与各行业关联最紧密的行业，制造业投入产出的变化会对整个国民经济及税收收入产生系统性影响。未来会影响制造业在国民经济和增值税税源结构中的地位的是，制造业在产业理性的选择下向其他国家转移部分行业和生产制造环节（胡国良和王继源，2020），从而与国内部分行业在投入产出关系上脱钩，进而影响制造业与其他行业的税收关联。制造业向外转移除了取决于市场因素外，也受制于全球经济环境和国内的产业政策。如今全球贸易保护主义兴起，中美贸易摩擦、新冠肺炎疫情等全球性事件更是将国家经济安全提升至前所未有的高度，国际间产业转移和经济全球化严重受阻，这可能会促使中国继续巩固经济的内循环①，在完善制造业体系的基础上提升制造业发展质量，优化制造业结构而不是一味向外转移制造业。这在一定程度上可能会加强制造业与国内各行业之间的经济联系，从而进一步强化制造业的税收地位。

总体来看，制造业在增值税税源结构中的地位归根结底是一个产业政策问题。传统的产业升级理论认为，随着工业化进程不断推进，制造业等第二产业在经济中的核心地位必然会让位于金融业等第三产业（钱纳里等，1989；钱纳里和塞尔昆，1989；麦迪森，1997；吴敬琏，2006；林斯等，2011），也就是著名的"配第—克拉克定理"。不过这种观点过于强调服务业创造价值的能力，而忽视了服务业与其他行业的关联程度，在与其他行业的关联数量和强度方面制造业要远超服务业。对于各国而言，制造业的税收地位取决于国家实行什么样的工业化政策，是保留完整的工业体系，还是追随美国等发达国家的脚步，建立起依靠服务业为绝对主导的经济体系。后一种选择会面临工业税基下降的确定性和服务业税基增长的不确定性风险（付敏杰等，2017），以及产业空心化和制造业对外开放带来的国家经济安全问题（王燕梅，2006；桑百川等，2016；黎峰等，2019；裴长洪和刘洪愧，2020）。对于中国而言，这种选择已不言而喻，完整的制造业体系很可能会继续保留，并在此基础上提高发展质量（郭克莎，2000；胡立君

---

① 2020年6月18日，国务院副总理刘鹤向第十二届陆家嘴论坛发出书面致辞，指出"一个以国内循环为主、国际国内互促的双循环发展的新格局正在形成"。相关新闻报道参见：https://finance.sina.com.cn/roll/2020-06-19/doc-iirczymk7783542.shtml.

等，2013；高培勇等，2019）。可以预期的是，制造业未来仍然会在中国的经济体系中扮演着支柱性的角色，也会一直是增值税最重要的税源。

第四节　政策建议

第一，在制定增值税税收政策时，要充分考虑行业之间的税收关联。虽然我国在推行增值税改革时也会考虑税负在产业上下游之间的转嫁，但仅考虑产业间上下游之间的关系并不能完全了解产业之间税收关联的全貌。一方面，产业间不仅是上下游关系，也是相互关联的或者说是彼此互为上下游关系；另一方面，每个产业不同的关联特征赋予了每个产业在网络中不同的角色，每种角色对应着不同的税收地位和作用。因此，在制定今后的增值税税收政策或者整体调整税制结构时，应根据产业之间的税收关联特征，对不同行业实行差异化税率、征收率等定向税收优惠政策，避免全行业的大幅度降低税率。对于在生产体系中起重要作用的行业，如中心性和中介中心性都很高的行业应适当降低其增值税税率，对于结构洞指数较高的行业应该保持其税率的相对稳定。这种对税率的小范围调整既能降低整体税负，又能保障税收收入的稳定性。

第二，保持直接税与间接税比重的相对稳定。当前我国仍处在工业化阶段，工业产品生产一直是经济的主要形式，并且随着逆全球化和经济安全问题日益突出，我国未来仍然会保留完整的工业生产体系。经济结构决定税制结构，这意味着在今后很长一段时间内我国税制结构仍然会以间接税为主。由间接税制向直接税制过渡除需要经济结构的调整外，还需要收入分配结构的调整，这种调整可能会因为外部环境因素而受到行政力量的强力干预。保留完整工业体系意味着相当一部分制造业行业的平均利润率要低于其他行业，收入分配结构的调整很难达到直接税制的要求，此时提高直接税比重很可能会面临更高的征管成本。反而完整的工业体系意味着我国仍然会拥有大量的商品服务流转额，这有利于保障稳定的增值税税收收入。此外，保持税制结构的稳定还在于税制结构的刚性，我国增值税处于一个很难再次开展普惠性降税的阶段，如果要提升直接税比重并且保证税负的相对稳定，这必然要求降低增值税税负，而降低增值税税负很可能会对税收收入产生较大的冲击。

　　第三，保持产业政策与税收政策之间的协调。产业政策与税收政策是相互依赖的关系，好的产业政策能够促进产业发展，保证税源的稳定和快速增长；产业政策的最终目的是调整经济结构，为建立和完善税制结构奠定经济基础。好的税收政策在保障税收收入稳定的基础上，能够促进产业发展。未来我国应该继续围绕制造业高质量发展，制定和完善相应的产业政策和税收政策。在产业政策方面，应该注重支持一些对税收收入具有较大影响力的行业，提升关键行业对经济发展和税收收入增长的带动能力。在税收政策方面，对于一些网络中处于关键位置的行业给予税收优惠，包括降低这些行业的进项增值税税率、完善留抵政策等。同时制定税收优惠政策时要注意避免落入为了降低税负而降低税负的循环，需要认识到中国的税负总体水平并不高。对于企业而言，税负在经营成本中的占比较小，企业的经营发展主要需靠提升自身发展能力，国家可以通过制定创新、公共服务等方面的产业政策为企业发展提供支持。

参考文献

［1］ Acemoglu D, Akcigit U, Kerr W, 2015. Networks and the Macroeconomy：An Empirical Exploration ［J］. NBER Macroeconomics Annual, 30（1）：273–335.

［2］ Acemoglu D, Carvalho V M, Ozdaglar A E, et al, 2012. The Network Origins of Aggregate Fluctuations ［J］. Econometrica, 80（5）：1977–2016.

［3］ Agapitos G, 1979. The Impact of Taxes on Price Inflation in U. K. Manufacturing Industries ［J］. Bulletin of Economic Research, 31（1）：14–23.

［4］ Aguirre C A, Shome P, 1988. The Mexican Value – Added Tax（Vat）：Methodology for Calculating the Base ［J］. National Tax Journal, 41（4）：543–554.

［5］ Alam K F, Stafford L W T, 1985. Tax Incentives and Investment Policy：A Survey Report on the United Kingdom Manufacturing Industry ［J］. Managerial and Decision Economics, 6（1）：27–32.

［6］ Alstadsaeter A, Kopczuk W, Telle K, 2019. Social Networks and Tax Avoidance：Evidence from a Well–defined Norwegian Tax Shelter ［J］. International Tax and Public Finance, 26（6）：1291–1328.

［7］ Anthony J . Pellechio, Catharine B. Hill, 1996. Equivalence of the Production and Consumption Methods of Calculating the Value – Added Tax Base : Application in Zambia ［R］. IFM Working Paper.

［8］ Aziza G, Levratto N, 2015. Do Labor Tax Rebates Facilitate Firm Growth? An Empirical Study on French Establishments in the Manufacturing Industry, 2004 – 2011 ［J］. Small Business Economics, 45（3）：613–641.

［9］ Baqaee D R, Farhi E, 2019. The Macroeconomic Impact of Microeconomic

Shocks：Beyond Hulten's Theorem ［J］. Econometrica, 87 (4)：1155-1203.

［10］ Bavelas A, 1950. Communication Patterns in Task-Oriented Groups ［J］. The Journal of the Acoustical Society of America, 22 (6)：725-730.

［11］ Benedek D, Crivelli E, Gupta S, Muthoora P S, 2014. Foreign Aid and Revenue：Still a Crowding Out Effect? ［J］. Finanzarchiv/Public Finance Analysis, 70 (1)：67-96.

［12］ Bird R M, Martinez V J, Torgler B, 2004. Societal Institutions and Tax Effort in Developing Countries ［R］. International Studies Program Working Paper.

［13］ Bonacich P, 1972. Technique for Analyzing Overlapping Memberships ［J］. Sociological Methodology, (4) ：176-185.

［14］ Bonacich P, 1987. Power and Centrality：A Family of Measures ［J］. American Journal of Sociology, 92 (5)：1170-1182.

［15］ Borgatti S P, Mehra A, Brass D J, et al, 2009. Network Analysis in the Social Sciences ［J］. Science, 323 (5916)：892-895.

［16］ Borgatti S, Daniel H, 2011. Consensus Analysis. A Companion to Cognitive Anthropology ［M］. Cambridge：Blackwell Publishing.

［17］ Bourdieu P, 1986. The Forms of Social Capital ［M］//John G R. Handbook of Theory and Research for the Sociology of Education. Westport：Greenwood Press.

［18］ Brandes U, 2008. On Variants of Shortest-Path betweenness Centrality and Their Generic Computation ［J］. Social Networks, 30 (2)：136-145.

［19］ Brown J L, Drake K D, 2014. Network Ties among Low-Tax Firms ［J］. The Accounting Review, 89 (2)：483-510.

［20］ Brut R S, 1982. Toward a Structural Theory of Action ［M］. New York：Academic Press.

［21］ Burt R S, 1976. Positions in Networks ［J］. Social Forces, 55 (1)：93-122.

［22］ Burt R S, 1992. Structural Holes：The Social Structure of Competition ［M］. Cambridge：Harvard University Press.

［23］Burt R S, 2000. The Network Structure of Social Capital ［J］. Research in Organizational Behavior, 22（1）：345-423.

［24］Burt R S, 2004. Structural Holes and Good Ideas ［J］. American Journal of Sociology, 110（2）：349-399.

［25］Carvalho V M, 2014. From Micro to Macro via Production Networks ［J］. The Journal of Economic Perspectives, 28（4）：23-47.

［26］Chaudhry I S, Munir F, 2010. Determinants of Low Tax Revenue in Pakistan ［J］. Pakistan Journal of Social Sciences, 30（2）：439-452.

［27］Coleman J, 1990 . The Foundations of Social Theory ［M］. Cambridge：Belknap Press of Harvard University Press.

［28］degl'Innocenti D G, Rablen M D, 2020. Tax Evasion on a Social Network ［J］. Journal of Economic Behavior & Organization, 169：79-91.

［29］Ebrill L, Keen M, Bodin J P, et al, 2001. The Modern VAT ［M］. Washington, DC：IMF.

［30］Eric O, 2019. The Effect of Tax Incentives on U. S. Manufacturing：Evidence from State Accelerated Depreciation Policies ［J］. Journal of Public Economics, 180：104084.

［31］Fagiolo G R, et al, 2009. World - Trade Web：Topological Properties, Dynamics, and Evolution ［J］. Physical Review E：Statistical Nonlinear and Soft Matter Physics, 79（3）：1-44.

［32］Freeman L C, 1977. A Set of Measures of Centrality Based on Betweenness ［J］. Sociometry, 40（1）：35-41.

［33］Freeman L C, 1979. Centrality in Social Networks：Conceptual Clarification ［J］. Social Networks, 1（3）：215-239.

［34］Freeman L C, Borgatti S P White D R, 1991. Centrality in Valued Graphs：A Measure of Betweenness Based on Network Flow ［J］. Social Networks, 13（2）：141-154.

［35］Garlaschelli D, Loffredo M I, 2005. Structure and Evolution of the World Trade Network ［J］. Physica A：Statistical Mechanics and Its Applications, 355（1）：

138–144.

[36] Granovetter M, 1973. The Strength of Weak Ties [J]. American Journal of Sociology, 78 (6): 1360–1380.

[37] Granovetter M, 1985. Economic Action and Social Structure [M] // Readings in Economic Sociology, Oxford: Blackwell Publishers Ltd.

[38] Granovetter M, 1995. Getting a Job: A Study of Contacts and Careers [M]. Chicago: The University of Chicago Press.

[39] Gupta A S, 2007. Determinants of Tax Revenue Efforts in Developing Countries [R]. IMF Working Paper.

[40] Hall R E, Jorgenson D W, 1969. Tax Policy and Investment Behavior: Reply and Further Results [J]. The American Economic Review, 59 (3): 388–401.

[41] Hong S, 2018. Tax Treaties and Foreign Direct Investment: A Network Approach [J]. International Tax and Public Finance, 25 (5): 1277–1320.

[42] Imam P A, Jacobs D, 2007. Effect of Corruption on Tax Revenues in the Middle East [R]. IMF Working Paper.

[43] J Kathryn, 2015. The Rise of the Value–Added Tax [M]. Cambridge: Cambridge University Press.

[44] Kilduff M, Krackhardt D, 1994. Bringing the Individual Back in: A Structural Analysis of the Internal Market for Reputation in Organizations [J]. The Academy of Management Journal, 37 (1): 87–108.

[45] Lin N, 2001. Social Capital: A Theory of Social Structure and Action [M]. Cambridge: Cambridge University Press.

[46] Lin N, Ensel W, Vaughn J C, 1981. Social Resources and Strength of Ties: Structural Factors in Occupational Status Attainment [J]. American Sociological Review, 46 (4) 393–405.

[47] Liu Q, Lu Y, 2015. Firm Investment and Exporting: Evidence from China's Value–Added Tax Reform [J]. Journal of International Economics, 97 (2): 392–403.

[48] Ma X, Ji P, Ho W, et al, 2018. Optimal Procurement Decision with a Carbon Tax for the Manufacturing Industry [J]. Computers and Operations Research,

89：360-368.

[49] Mahutga M C, 2006. The Persistence of Structural Inequality? A Network Analysis of International Trade, 1965-2000 [J]. Social Forces, 84 (4)：1863-1889.

[50] Minh T, Le T, 2007. Estimating the VAT Base：Method and Application [J]. Tax Notes International (9)：203-210.

[51] Ohrn Eric, 2019. The Effect of Tax Incentives on U. S. Manufacturing：Evidence from State Accelerated Depreciation Policies [J]. Journal of Public Economics, 180：104084.

[52] Portes A 1998 . Social Capital：Its Origins and Applications in Modern Sociology [J]. Knowledge and Social Capital, 24 (1)：1-24.

[53] Putnam R D, 1993. The Prosperous Community：Social Capital and Public Life [J]. The American Prospect (13)：35-42.

[54] Rauch J E, 1996. Trade and Search：Social Capital, Sogo Shosha, and Spillovers [R]. NBER Working Paper.

[55] Rauch J E, 1999. Networks Versus Markets in International Trade [J]. Journal of International Economics, 48：7-35.

[56] Rauch J E. Trindade V, 2002. Ethnic Chinese Networks In International Trade [J]. The Review of Economics and Statistics, 84 (1)：116-130.

[57] Sabidussi G, 1966. The Centrality Index of A Graph [J]. Psychometrika, 31 (4)：581-603.

[58] Schenk A, Oldman O, 2007. Value Added Tax：A Comparative Approach [M]. Cambridge：Cambridge University Press.

[59] Serrano M Angeles, Boguna M, 2003. Topology of the World Trade Web [J]. Physical Review E：Statistical, Nonlinear and Soft Matter Physics, 68 (1)：1-4.

[60] Tajika, Eiji, Yui Y, 1988. Cost of Capital and Effective Tax rate：A Comparison of U. S. and Japanese Manufacturing Industries [J]. Hitotsubashi Journal of Economics, 29 (2)：181-200.

[61] van't Riet M, Lejour A, 2015. Profitable Detours：Network Analysis of Tax Treaty Shopping [J]. Annual Conference on Taxation and Minutes of the Annual

Meeting of the National Tax Association，（108）：1–40.

［62］van't Riet M，Lejour A，2018. Optimal Tax Routing：Network Analysis of FDI Diversion［J］. International Tax and Public Finance，25（5）：1321–1371.

［63］Wasserman S. Faust K，1994. Social Network Analysis［M］. Cambridge：Cambridge University Press.

［64］Watts D J，1999. Small Worlds：The Dynamics of Networks between Order and Randomness［J］. Princeton：Princeton University Press.

［65］Zhou M，Wu G，X H，2016. Structure and Formationof Top Networks in International trade，2001–2010［J］. Social Networks，44：9–21.

［66］安体富，2002. 如何看待近几年我国税收的超常增长和减税的问题［J］. 税务研究（8）：10–17.

［67］安体富，2015. 优化税制结构：逐步提高直接税比重［J］. 财政研究（2）：41–44.

［68］安体富，等，2014. 贯彻落实科学发展观与深化财税体制改革研究［M］. 北京：中国人民大学出版社.

［69］白景明，2005. 经济增长、产业结构调整与税收增长关系探析［J］. 郑州大学学报（哲学社会科学版），48（4）：66–71.

［70］白景明，等，2017. 关于河南、江西、湖南降低实体经济企业成本的情况调研［J］. 经济研究参考（43）：4–25.

［71］白景明，何平，2017. 中国制造业税收贡献研究［J］. 价格理论与实践（3）：19–23.

［72］白景明，何平，2019. 制造业税收贡献度分析［J］. 中国财政（15）：16–23.

［73］曹广忠，袁飞，陶然，2007. 土地财政、产业结构演变与税收超常规增长——中国"税收增长之谜"的一个分析视角［J］. 中国工业经济（12）：13–21.

［74］常世旺，2005. 经济增长与地方税收入相关性分析——可税 GDP 概念的引申与应用［J］. 涉外税务（1）：19–22.

［75］陈丽霖，廖恒，2013. 增值税转型对企业生产效率的影响——来自我

国上市公司的经验证据［J］．财经科学（5）：56-66．

［76］陈思瑞，2019．中国制造业企业所得税间接优惠制度的完善［J］．华南师范大学学报（社会科学版），（3）：153-159．

［77］陈银飞，2011．2000-2009年世界贸易格局的社会网络分析［J］．国际贸易问题（11）：31-42．

［78］陈钊，王旸，2016．"营改增"是否促进了分工：来自中国上市公司的证据［J］．管理世界（3）：36-45+59．

［79］陈昭，刘映曼，2019．"营改增"政策对制造业上市公司经营行为和绩效的影响［J］．经济评论（5）：22-35．

［80］程宏伟，吴晓娟，2018．税制结构、股权性质及企业税负粘性［J］．中南大学学报（社会科学版），24（4）：77-86．

［81］程宏伟，杨义东，2019．税负粘性：一个诠释企业税负痛感的新视角［J］．商业研究（1）：49-59．

［82］丛屹，周怡君，2017．当前我国税制的"税负刚性"特征、效应及政策建议——基于2013-2016年制造业上市公司数据的实证分析［J］．南方经济（6）：53-63．

［83］崔军，朱晓璐，2014．我国税制结构转型改革的目标框架与基本思路［J］．公共管理与政策评论，3（3）：25-35．

［84］戴维·诺克，杨松，2012．社会网络分析［M］．李兰，译．上海：格致出版社．

［85］董根泰，2016．"营改增"降低了大中型企业税收负担吗？——基于浙江省上市公司数据的分析［J］．经济社会体制比较（3）：94-104．

［86］杜华东，赵尚梅，2013．中国产业结构变迁的实证研究——基于社会网络分析法的分析［J］．管理评论，25（3）：38-47+90．

［87］段培君，2002．方法论个体主义的三种诠释及其合理性［J］．自然辩证法研究（9）：53．

［88］樊丽明，张斌，2000．经济增长与税收收入的关联分析［J］．税务研究（2）：3-10．

［89］樊勇，2012．增值税抵扣制度对行业增值税税负影响的实证研究［J］．

财贸经济（1）：34-41.

［90］樊勇，2019. 进一步深化增值税改革［J］. 财政科学（10）：69-76.

［91］范子英，彭飞，2017. "营改增"的减税效应和分工效应：基于产业互联的视角［J］. 经济研究，52（2）：82-95.

［92］方红生，张军，2013. 攫取之手、援助之手与中国税收超 GDP 增长［J］. 经济研究，48（3）：108-121.

［93］弗里曼，2008. 社会网络分析发展史一项科学社会学的研究［M］. 张文宏，刘军，王卫东，译. 北京：中国人民大学出版社.

［94］付敏杰，张平，袁富华，2017. 工业化和城市化进程中的财税体制演进：事实、逻辑和政策选择［J］. 经济研究，52（12）：29-45.

［95］高培勇，2006. 中国税收持续高速增长之谜［J］. 经济研究（12）：13-23.

［96］高培勇，等，2019. 高质量发展背景下的现代化经济体系建设：一个逻辑框架［J］. 经济研究，54（4）：4-17.

［97］高培勇 .2018. 中国财税改革 40 年：基本轨迹、基本经验和基本规律［J］. 经济研究，53（3）：4-20.

［98］龚辉文，2020. 关于降低制造业增值税税率的逻辑思考［J］. 税务研究，（2）：5-10.

［99］郭健，2018. 税收扶持制造业转型升级：路径、成效与政策改进［J］. 税务研究，（3）：17-22.

［100］郭克莎，2000. 中国工业化的进程、问题与出路［J］. 中国社会科学（3）：60-71+204.

［101］郭庆旺，吕冰洋，2004. 经济增长与产业结构调整对税收增长的影响［J］. 涉外税务（9）：11-16.

［102］国家税务总局课题组，等，2009. 借鉴国际经验 进一步优化中国中长期税制结构［J］. 财政研究（5）：8-17.

［103］何辉，王杰杰，李威，2019. 我国制造业企业税负对企业产值的影响——基于 A 股上市公司面板数据的实证分析［J］. 税务研究（5）：97-104.

［104］洪俊杰，商辉，2019. 国际贸易网络枢纽地位的决定机制研究［J］.

国际贸易问题（10）：1-16.

[105] 胡春，2013. 增值税"扩围"改革对行业税负的影响研究——基于上海改革方案和投入产出表的分析［J］. 河北经贸大学学报，34（2）：40-44.

[106] 胡国良，王继源，2020. 全球产业布局调整背景下中国制造业外迁问题研究［J］. 财贸经济，41（1）：50-64.

[107] 胡洪曙，武锶芪，2020. 企业所得税税负粘性的成因及其对地方产业结构升级的影响［J］. 财政研究（7）：113-129.

[108] 胡立君，薛福根，王宇，2013. 后工业化阶段的产业空心化机理及治理——以日本和美国为例［J］. 中国工业经济（8）：122-134.

[109] 胡怡建，李天祥，2011. 增值税扩围改革的财政收入影响分析——基于投入产出表的模拟估算［J］. 财政研究（9）：18-22.

[110] 胡怡建，刘金东，2013. 存量资产、虚拟经济与税收超 GDP 增长之谜［J］. 财贸经济（5）：5-15.

[111] 胡怡建，徐曙娜，2014. 我国税制结构优化的目标模式和实现途径［J］. 税务研究（7）：11-16.

[112] 黄海云，陈莉平，2005. 嵌入社会网络的企业集群结构及其优势［J］. 现代管理科学（5）：70-71.

[113] 贾康，等，2002. 怎样看待税收的增长和减税的主张——从另一个角度的理论分析与思考［J］. 管理世界（7）：24-30.

[114] 贾莎，2012. 税收"超速增长"之谜：基于产业结构变迁的视角［J］. 财政研究（3）：34-36.

[115] 贾婷月，2018. 税制结构对区域间制造业增长及结构转型的效应［J］. 商业研究（10）：10-18.

[116] 姜明耀，2011. 增值税"扩围"改革对行业税负的影响——基于投入产出表的分析［J］. 中央财经大学学报（2）：11-16.

[117] 姜竹，2012. 我国商品市场销售对税收贡献的实证分析［J］. 税收经济研究，17（3）：75-78.

[118] 兰宜生，徐小锋，2019. 关税保护对不同产业全球价值链参与度的影响差异——基于一般制造业和高技术产业的比较研究［J］. 软科学，33（4）：

25-28.

[119] 黎峰，曹晓蕾，陈思萌，2019. 中美贸易摩擦对中国制造供应链的影响及应对［J］. 经济学家（9）：104-112.

[120] 李华，2011. 分税制下税务稽查影响因素研究［J］. 财贸经济（3）：31-35.

[121] 李建英，陈平，李婷婷，2015. 我国制造业上市公司所得税税负影响因素分析［J］. 税务研究（12）：41-44.

[122] 李普亮，2016. 产业结构调整与税收增长：抑制还是促进［J］. 税务与经济（1）：67-74.

[123] 李普亮，贾卫丽，2019. "营改增"能否为制造业企业带来减税获得感［J］. 广东财经大学学报，34（1）：80-91.

[124] 李树茁，韦艳，任义科，2007. 基于整体网络视角的农民工避孕行为影响因素分析［J］. 人口与经济（1）：9-17.

[125] 李婷婷，2010. 税收流失的社会网分析以山东省 L 镇个案为例［D］. 南京：南京航空航天大学.

[126] 李炜光，臧建文，2017. 中国企业税负高低之谜：寻找合理的企业税负衡量标准［J］. 南方经济（2）：1-23.

[127] 李仙德，2016. 测量上海产业网络的点入度和点出度——超越后工业化社会的迷思［J］. 地理研究，35（11）：2185-2200.

[128] 李永友，严岑，2018. 服务业"营改增"能带动制造业升级吗？［J］. 经济研究，53（4）：18-31.

[129] 李子联，王爱民，李笑，2017. 收入分配与政府税收："国富"的一种解释［J］. 上海财经大学学报，19（2）：13-25+62.

[130] 里昂惕夫，1993. 1919-1939 年美国经济结构均衡分析的经验应用［M］. 王炎庠，等，译. 北京：商务印书馆.

[131] 林春艳，孔凡超，2016. 中国产业结构高度化的空间关联效应分析——基于社会网络分析方法［J］. 经济学家（11）：45-53.

[132] 林斯，凯恩，2011. 美国经济史［M］. 邸晓燕，邢露，译. 北京：北京大学出版社.

[133] 刘建民，李桂英，吴金光，2013. 汽车制造业税负及其影响因素的实证研究——基于上市公司财务数据［J］. 财经理论与实践，34（1）：86-90.

[134] 刘金东，冯经纶，2014. 中国税收超 GDP 增长的因素分解研究——基于 Divisia 指数分解方法［J］. 财经研究，40（2）：30-40.

[135] 刘军，2004. 社会网络分析导论［M］. 北京：社会科学文献出版社.

[136] 刘军，2006. 法村社会支持网络——一个整体研究的视角［M］. 北京：社会科学文献出版社.

[137] 刘军，2009. 整体网分析讲义［M］. 上海：格致出版社.

[138] 刘林青，谭畅，2016. 国际贸易中出口结构对经济绩效的影响——基于国家空间的社会网络分析［J］. 国际贸易问题（6）：15-27.

[139] 刘庆林，綦建红，2004. 国际贸易社会网络理论研究综述［J］. 经济学动态（7）：96-99.

[140] 刘溶沧，夏杰长，2002. 税制改革的国际经验及对中国的启示［J］. 管理世界（9）：18-27.

[141] 刘世锦，韩阳，王大伟，2020. 基于投入产出架构的新冠肺炎疫情冲击路径分析与应对政策［J］. 管理世界，36（5）：1-12+51+263.

[142] 刘伟江，吕镯，2017. 税收政策与全要素生产率——基于中国高技术产业的实证研究［J］. 制度经济学研究（2）：111-127.

[143] 刘伟江，吕镯，2019. "营改增"、制造业服务化与全要素生产率提升——基于 DI 合成控制法的实证研究［J］. 南方经济（5）：1-21

[144] 刘元生，陈凌霜，刘蓉，2019. 增值税减税的产出乘数效应——基于投入产出网络视角［J］. 财经科学（1）：112-122.

[145] 楼继伟，2015. 深化财税体制改革［M］. 北京：人民出版社.

[146] 卢雄标，童锦治，苏国灿，2018. 制造业增值税留抵税额的分布、影响及政策建议——基于 A 省制造业企业调查数据的分析［J］. 税务研究（11）：53-59.

[147] 陆雄文，2013. 管理学大辞典［M］. 上海：上海辞书出版社.

[148] 吕冰洋，郭庆旺，2011. 中国税收高速增长的源泉：税收能力和税收努力框架下的解释［J］. 中国社会科学（2）：76-90+221-222.

［149］吕冰洋，郭庆旺，2004. 经济增长与产业结构调整对税收增长的影响［J］. 国际税收（9）：11-16.

［150］罗伯特·汉尼曼，马克·里德尔，2019. 社会网络分析方法 UCINET 的应用［M］. 陈世荣，钟栎娜，译. 北京：知识产权出版社.

［151］罗家德，2005. 社会网分析讲义［M］. 北京：社会科学文献出版社.

［152］罗明义，2001. 旅游业税收贡献的分类测算方法［J］. 旅游学刊（2）：16-19.

［153］马述忠，任婉婉，吴国杰，2016. 一国农产品贸易网络特征及其对全球价值链分工的影响——基于社会网络分析视角［J］. 管理世界（3）：60-72.

［154］麦迪森，1997. 世界经济二百年回顾［M］. 北京：改革出版社.

［155］毛海欧，刘海云，2019. 中国制造业全球生产网络位置如何影响国际分工地位？：基于生产性服务业的中介效应［J］. 世界经济研究（3）：93-107+137.

［156］蒙英华，蔡宏波，黄建忠，2015. 移民网络对中国企业出口绩效的影响研究［J］. 管理世界（10）：54-64.

［157］蒙英华，黄建忠，2008. 信息成本与国际贸易：亚洲华商网络与 ICT 对中国对外贸易影响的面板数据分析［J］. 南开经济研究（1）：87-95.

［158］苗翠芬，崔凡，吴伟华，2020. 移民网络与离岸服务外包［J］. 世界经济，43（1）：97-121.

［159］倪婷婷，王跃堂，王帅，2020. "营改增"改革、产业联动与制造业升级——基于减税与生产性服务业集聚的机制检验［J］. 上海财经大学学报，22（4）：18-31.

［160］聂海峰，刘怡，2011. 增值税和营业税行业税负差异研究［J］. 税务研究（10）：7-13.

［161］欧阳明，2017. 投资、消费的税收贡献比较——税收超 GDP 增长到慢于 GDP 增长的一种解释［J］. 税务研究（12）：93-95.

［162］潘雷驰，2007. "可税与否"未改变我国 GDP 与税收的基本关系——基于 1978～2005 年数据的实证检验［J］. 财经研究，33（7）：17-30.

［163］潘雷驰，2008. 从税收征管与税制角度看我国税收增速变动成因［J］. 税务研究（9）：8-12.

[164] 庞伟，孙玉栋，2019. 税收分享、财政努力与税收增长——基于政府竞争的视角 [J]. 山西财经大学学报，41（10）：1-14.

[165] 裴长洪，刘洪愧，2020. 中国外贸高质量发展：基于习近平百年大变局重要论断的思考 [J]. 经济研究，55（5）：4-20.

[166] 彭澎，2007. 基于社会网络视角的高技术企业集群式成长机制研究 [D]. 长春：吉林大学.

[167] 平新乔，等，2009. 增值税与营业税的福利效应研究 [J]. 经济研究，44（9）：66-80.

[168] 齐鹰飞，Li Yuanfei，2020. 财政支出的部门配置与中国产业结构升级——基于生产网络模型的分析 [J]. 经济研究，55（4）：86-100.

[169] 钱纳里，等，1989. 工业化和经济增长的比较研究 [M]. 吴奇，等，译. 上海：上海三联书店.

[170] 钱纳里，塞尔昆，1989. 发展的格局 1950-1970 [M]. 李小青，等，译. 北京：中国财政经济出版社.

[171] 秦皓楠，程宏伟，彭茜，2018. 会计-税收差异与企业税负粘性 [J]. 商业会计（3）：9-12.

[172] 桑百川，杨立卓，郑伟，2016. 中国对外直接投资扩张背景下的产业空心化倾向防范——基于英、美、日三国的经验分析 [J]. 国际贸易（2）：8-12.

[173] 上海财经大学公共政策与治理研究院，2019. 中国增值税减税政策效应季度分析报告 [R]. 上海：上海财经大学.

[174] 沈慧婷，2019. 董事网络对税收规避的影响研究——来自民营上市公司经验数据 [D]. 济南：山东大学.

[175] 沈可挺，2010. 碳关税争端及其对中国制造业的影响 [J]. 中国工业经济，（1）：65-74.

[176] 沈瑶，2007. 非正式网络中隐性知识传递效果的影响机制研究 [D]. 杭州：浙江大学.

[177] 石绍宾，周根根，秦丽华，2017. 税收优惠对我国企业研发投入和产出的激励效应 [J]. 税务研究（3）：43-47.

[178] 斯科特，2007. 社会网络分析法 [M]. 刘军，译. 重庆：重庆大学

出版社.

［179］斯坦利·沃瑟曼，凯瑟琳·福斯特，2012. 社会网络分析：方法与应用［M］. 陈禹，孙彩虹，译. 北京：中国人民大学出版社.

［180］宋旭光，张丽霞，2019. 美国加征关税对中美制造业的影响——基于改进的关税有效保护率测算方法［J］. 经济学家，2019（5）：47-58.

［181］苏治，方彤，尹力博，2017. 中国虚拟经济与实体经济的关联性——基于规模和周期视角的实证研究［J］. 中国社会科学，（8）：87-109+205-206.

［182］孙露，薛冰，张子龙，等，2014. 基于SNA的中国产业网络结构演化及定量测度［J］. 生态经济，30（2）：83-87+115.

［183］孙彦林，陈守东，2018. 美国减税政策对中国制造业的溢出效应研究［J］. 经济学家（11）：97-104.

［184］孙铮，刘浩，2004. 中国上市公司费用"粘性"行为研究［J］. 经济研究（12）：26-34+84.

［185］孙正，2017a. 税收增长：是经济效应，抑或是货币效应［J］. 税务研究（7）：94-100.

［186］孙正，2017b. 税收增长之谜：基于产业结构升级演进的视角［J］. 财经论丛（7）：39-48.

［187］唐登山，吴宏，2009. 税收增速大于GDP增速的产业结构分析［J］. 数据经济技术经济研究，25（10）：108-118.

［188］唐飞鹏，2017. 地方税收竞争、企业利润与门槛效应［J］. 中国工业经济（7）：99-117.

［189］田彬彬，谷雨，2018. 征管独立性与税收收入增长——来自国税局长异地交流的证据［J］. 财贸经济，39（11）：53-66.

［190］童锦治，等，2013. 影响我国税收增长的经济因素检验——基于分税制改革后的省际面板ECM模型［J］. 税务研究（3）：28-33.

［191］童锦治，苏国灿，魏志华，2015. "营改增"、企业议价能力与企业实际流转税税负——基于中国上市公司的实证研究［J］. 财贸经济（11）：14-26.

［192］汪卢俊，韩瑜，马金红，2019. 税制改革对制造业技术进步的影响［J］. 中国科技论坛（5）：1-9.

［193］王百强，等，2018. 企业纳税支出粘性研究：基于政府税收征管的视角［J］. 会计研究（5）：28–35.

［194］王桂军，曹平，2018. "营改增"对制造业企业自主创新的影响——兼议制造业企业的技术引进［J］. 财经研究，44（3）：4–19.

［195］王国刚，2018. 金融脱实向虚的内在机理和供给侧结构性改革的深化［J］. 中国工业经济（7）：5–23.

［196］王剑锋，2008. 中央集权型税收高增长路径：理论与实证分析［J］. 管理世界（7）：45–52.

［197］王梦月，强国令，2018. 营改增是否促进了制造业企业创新？［J］. 投资研究，37（10）：4–20.

［198］王乔，席卫群，汪柱旺，2011. 中国流通业税收贡献的实证分析［J］. 经济评论（1）：105–115.

［199］王玮，2012. 税收学原理［M］. 北京：清华大学出版社.

［200］王夏洁，刘红丽，2007. 基于社会网络理论的知识链分析［J］. 情报杂志（2）：18–21.

［201］王晓娟，2007. 知识网络与集群企业竞争优势研究［D］. 杭州：浙江大学.

［202］王亚男，周泽将，2007. 社会关系网络能降低民营企业的实际税负吗——基于中国上市公司独立董事视角的实证分析［J］. 当代经济研究（9）：73–79.

［203］王燕梅，2004. 我国制造业的对外开放与国家经济安全［J］. 中国工业经济（12）：40–45.

［204］王永培，晏维龙，2014. 产业集聚的避税效应——来自中国制造业企业的经验证据［J］. 中国工业经济，（12）：57–69.

［205］王岳平，2000. 我国产业结构的投入产出关联分析［J］. 管理世界（4）：59–65.

［206］王岳平，葛岳静，2007. 我国产业结构的投入产出关联特征分析［J］. 管理世界（2）：61–68.

［207］沃瑟曼，福斯特，1996. 社会网络分析：方法与应用［M］. 北京：中国人民大学出版社.

［208］吴结兵，2006. 基于企业网络结构与动态能力的产业集群竞争优势研究［D］. 杭州：浙江大学.

［209］吴敬琏，2006. 中国应当走一条什么样的工业化道路？［J］. 管理世界（8）：1-7.

［210］席卫群，2015. 我国三次产业税收贡献态势及政策调整［J］. 当代财经（9）：35-44.

［211］席卫群，2020. 我国制造业税收负担及相关政策的优化［J］. 税务研究（2）：11-15.

［212］夏明，张红霞，2012. 投入产出分析：理论、方法与数据［M］. 北京：中国人民大学出版社.

［213］肖鸿，1999. 试析当代社会网研究的若干进展［J］. 社会学研究（3）：1-11.

［214］谢旭人，2006. 税收增长为何高于 GDP 增长［J］. 中国经济周刊（4）：13.

［215］许和连，成丽红，孙天阳，2018. 离岸服务外包网络与服务业全球价值链提升［J］. 世界经济，41（6）：77-101.

［216］许培，2017. 董事联结、信息传递与企业税负［D］. 南京：南京大学.

［217］杨斌斌，2002. 我国产业结构的投入产出分析［J］. 统计与信息论坛（5）：23-27.

［218］杨得前，2014. 中国税收收入规模与结构的影响因素研究——基于省际面板数据的实证分析［J］. 中国行政管理（7）：85-89.

［219］杨海珍，等，1990. 技术创新过程中的网络研究［J］. 西北大学学报（自然科学版）（5）：460-463.

［220］杨默如，2019. 中国税制改革 70 年：回顾与展望［J］. 税务研究（10）：29-35.

［221］杨汝岱，李艳，2016. 移民网络与企业出口边界动态演变［J］. 经济研究，51（3）：163-175.

［222］杨振兵，张诚，2015. 两税合并后外资企业创新效率提升了吗——来自中国制造业的证据［J］. 财贸经济（9）：19-32.

[223] 杨志勇，2014. 税制结构：现状分析与优化路径选择 [J]. 税务研究 (6)：10-14.

[224] 杨智峰，毕玉江，2019. 减税、地区差异与制造业升级 [J]. 山西财经大学学报，41 (6)：41-56.

[225] 姚冬琴，2017. 曹德旺之问与中国实体经济之痛 [J]. 中国经济周刊 (1)：80-81.

[226] 姚莲芳，2011. 武汉市制造业重点行业税收贡献及效益状况分析 [J]. 长江论坛 (1)：34-38.

[227] 姚小涛，席酉民，2003. 社会网络理论及其在企业研究中的应用 [J]. 西安交通大学学报（社会科学版），23 (3)：22-27.

[228] 叶初升，任兆柯，2019. 经济学中的网络分析与网络的经济学研究——经济学框架与网络分析方法的视界融合及其评述 [J]. 学术月刊，51 (5)：38-46.

[229] 于文超，周雅玲，肖忠意，2015. 税务检查、税负水平与企业生产效率——基于世界银行企业调查数据的经验研究 [J]. 经济科学 (2)：70-81.

[230] 余典范，干春晖，郑若谷，2011. 中国产业结构的关联特征分析——基于投入产出结构分解技术的实证研究 [J]. 中国工业经济 (11)：5-15.

[231] 余新创，2020. 中国制造业企业增值税税负粘性研究——基于 A 股上市公司的实证分析 [J]. 中央财经大学学报 (2)：18-28.

[232] 袁方，1997. 社会研究方法教程 [M]. 北京：北京大学出版社.

[233] 约翰·斯科特，2007. 社会网络分析法 [M]. 刘军，译. 重庆：重庆大学出版社.

[234] 约瑟夫·熊彼特，1994. 经济分析史（第三卷）[M]. 北京：商务印书馆.

[235] 张建华，任仕美，2002. 税收竞争对中国制造业全要素生产率的影响——基于总量与结构双重视角的实证分析 [J]. 工业技术经济，39 (7)：107-115.

[236] 张玲，祁伟，2014. 引入动态环境的经济增长与税收收入关系研究 [J]. 软科学，28 (9)：1-6.

[237] 张伦俊，2006. 区域经济发展与税收贡献的比较分析 [J]. 财贸经济

（2）：69-73+97.

[238] 张伦俊，李淑萍，2012. 规模以上工业企业的行业税负研究 [J]. 统计研究，29（2）：66-72.

[239] 张伦俊，张光文，2013. 我国金融业税收贡献的比较分析——基于《中国季度税收报告》的主要税种数据 [J]. 税收经济研究，18（3）：75-82.

[240] 张伦伦，蔡伊娜，2018. 促进先进制造业发展的增值税优惠政策设计 [J]. 税务研究（10）：53-57.

[241] 张其仔，2001. 新经济社会学 [M]. 北京：中国社会科学出版社.

[242] 张勤，李海勇，2012. 入世以来我国在国际贸易中角色地位变化的实证研究——以社会网络分析为方法 [J]. 财经研究，38（10）：79-89.

[243] 张勤，李海勇，马文杰，2013. 入世十年来我国在国际贸易网络中的角色与地位演变轨迹 [J]. 商业研究（5）：38-46.

[244] 张志勇，刘益，2007. 企业间知识转移的双网络模型 [J]. 科学学与科学技术管理（9）：94-97.

[245] 赵静，2014. 地方政府税收竞争对产能过剩的影响 [J]. 技术经济，33（2）：96-103.

[246] 赵松涛，2009. 中国税收超常增长问题研究 [D]. 南昌：江西财经大学.

[247] 赵延东，2002. 再就业中的社会资本：效用与局限 [J]. 社会学研究（4）：43-54.

[248] 中国银行国际金融研究所中国经济金融研究课题组，2016. 警惕经济回稳背后的风险隐患——中国银行中国经济金融展望报告（2016 年第四季度）[J]. 国际金融（10）：38-47.

[249] 仲颖佳，田学斌，孙攀，2018. 产业结构升级对税收收入增长的影响研究 [J]. 经济与管理，32（6）：56-62.

[250] 周黎安，刘冲，厉行，2012. 税收努力、征税机构与税收增长之谜 [J]. 经济学（季刊）（1）：1-18.

[251] 庄燕杰，2017. 中国地方政府间税收竞争的空间统计研究 [D]. 杭州：浙江工商大学.